AF189197

Vor der Tat sind die Gedanken,
nach der Tat dann das »Warum?«.
Denken kann man ohne Schranken,
Schranken stellen hier ist dumm.
Taten lassen sich einschränken,
wenn wir die Gedanken lenken.

Doch auf jedem guten Sektor
gibt's auch Taten wie vom Lektor
Gerhard Arlt, der ohne klagen
checkte, was die Worte sagen.
Holger Feldmann prüfte Sterne,
Flächen, Massen, Nähe, Ferne.
Wie bei allen guten Taten
fehlt's »Warum?«. – Man muss nicht raten!

Warum?!

Gedichte
zu den Warum-Fragen
unserer Zeit

von

Hubert Clemens

Bibliografische Information der Deutschen
Nationalbibliothek:
Die Deutsche Nationalbibliothek verzeichnet
diese Publikation in der Deutschen National-
bibliografie; detaillierte bibliografische Daten
sind im Internet über http://dnb.dnb.de ab-
rufbar.

Neuauflage 2019

© 2018 Hubert Clemens
Herstellung und Verlag:
BoD - Books on Demand GmbH, Norderstedt
ISBN 9783746067254

Nr.   Verzeichnis der Gedichte

Vorwort

Das Kind fragt offen, doch zerrüttet,
beim Kind-im-Brunnen-Unglück klar:
Warum wurd' er erst zugeschüttet,
als längst das Kind ertrunken war?

Auch Einstein dachte kindlich offen,
verließ die Grenzen seiner Zeit,
und das Ergebnis lässt uns hoffen,
dass Offenheit den Geist befreit.

Wir müssen wieder offen denken,
ohn' jede Fessel wie ein Kind,
dann können wir die Zukunft lenken
und das »Warum?« entflieht geschwind.

Januar 2018

Hubert Clemens

1. Die Warum-Frage

W arum nur gibt es so viel' Fragen?
W **a** rum wohl über Gott, Physik?
Wa **r** um in allen Lebenslagen?
War **u** m auch über Pech und Glück?
Waru **m** nur brauchen wir's »Warum?«?

2. **Warum?**

»Warum?« So fragen Menschenkinder.
»Was haben wir denn nur getan?
Warum macht uns der Fürst zum Sünder
in seinem großen Kriegewahn?

Warum nur müssen wir hier sterben
in einer mörderischen Schlacht?
Warum nur müssen wir jetzt erben,
was kranke Hirne ausgedacht?

Warum nur feiern in der Ferne
die Fürsten Feste voller Pracht?
Warum nur liegen hier Gedärme
der Toten, die der Krieg gebracht?

Warum sieht keiner Fürsten kriechen
durch Stadtruinen an der Front?

Warum nur muss das Volk hinsiechen,
indes der Fürst im Sessel thront?

Warum nur schonen wir Dämonen?
Sind wir denn wirklich alle dumm?
Warum kann sich das mehrfach lohnen?
Sind Fürsten fort, stirbt das ›Warum?‹!«
- - -
Der Fürst besteht aus Fleisch und Blut
wie jeder Mensch, und das ist gut.

3. **Der Mörder**

Den Mörder muss man Mörder nennen,
sei er nun Staatsmann, Terrorist.
Wir können sie doch auch nicht trennen,
da Mörder eben Mörder ist.

Sie töten viele hunderttausend
an Menschen in sehr kurzer Frist,
fast freundlich und auch nicht aufbrausend:
der Staatsmann und der Terrorist.

Warum stirbt nie ein Staatenlenker
im Feindesland auf dem Schafott,

ist er vielleicht gar Gottes Henker?
Am besten ist, wir fragen Gott!

Die Menschen weinten, riefen, flehten:
»O Gott, warum, warum, warum?«
Die Wolken auseinanderwehten.
Der Himmel aber, der blieb stumm.
- - -
Nicht jeder Staatenlenker
ist auch ein guter Denker.

4. Die Idioten

Was sind das nur für Idioten,
die feste Regeln ausgedacht
für alle Lebenden und Toten,
die Opfer sind der Völkerschlacht.

Sei menschlich auch in jedem Kriege,
so spricht die Genfer Konvention.
Warum nur gibt es eine Riege,
die Töten zulässt? – Welch ein Hohn!

Es gilt ganz klar: Du sollst nicht töten
– und das gilt für die Menschenzunft –,

nicht Frauen, Männer, Kinder, Föten.
Doch fehlt den Menschen die Vernunft.

Gefährlich ist der Erde Beben,
gar schrecklich ist oft ein Vulkan,
das Schrecklichste: wenn Menschenleben
zerstört wird durch der Menschheit Wahn.

Der Mensch kann messen, werten, loten,
Vernunft festlegen dann nach Kant.
Die Wahrheit ist: Nur Idioten
ermorden ihren eignen Stand!
- - -
Die Menschen geben fürs Gefecht
mit goldnen Lettern sich das Recht.

5. **Der Geist der Eifel**

Der Laacher See erstrahlt im Glanze,
weil ihn die Sonne heiß beglückt.
Die Grillen spielen auf zum Tanze,
und alle Wesen sind entzückt.

Die Wasserfläche sprudelt kräftig
durch reinstes Kohlendioxid.

Der Wassergeist, er atmet heftig
und träumt von dem, was bald geschieht.

Denn alle zwanzigtausend Jahre
erwacht der Geist als ein Vulkan
und bietet hustend seine Ware
der Landschaft glühend heiß dann an.

Rund dreizehntausend sind vorüber,
es bleibt uns noch ein bisschen Zeit.
Vielleicht ist es dem Geist ja lieber,
dass er uns morgen schon bespeit.

Der Eifelgeist schläft nie gleich lange,
mal wacht er früh auf und mal spät.
Die Ungewissheit macht sehr bange,
denn niemand weiß um die Diät.

Doch wird er wach, spuckt er mehr Masse,
als der Vesuv es je getan,
so sagt es die Expertenklasse
und hält schon jetzt den Atem an.

Warum ist diese, unsre Erde,
oft schön, dann wieder aufgebracht?
Hat Gott vielleicht bei dem »Es werde!«
ganz heimlich über uns gelacht?
- - -

Ein Lava speiender Vulkan
bremst oft den Mensch in seinem Wahn.

6. Das Böse und die Liebe

Vor ein paar Millionen Jahren,
da wurd' der Mensch vom Tier bedroht
und musste schmerzlich schnell erfahren,
wer sich nicht wehrt, ist sehr schnell tot.

Das Böse ward uns aufgezwungen;
das Leben forderte den Tod.
Wir leben heut, weil früh gerungen
die Ahnen mit dem Feind um Brot.

Zur gleichen Zeit entstand die Liebe,
denn wer nicht liebt, sich nicht vermehrt;
das Leben fordert zarte Triebe.
Die Liebe hat sich stets bewährt.

Würd' man die Kinder gleich erschlagen,
weil oft das Böse überwiegt,
dann gäb's uns nicht in diesen Tagen,
das Böse hätte dann gesiegt.

Warum nur sind wir aufgespalten
in Böses, Liebe, Freud' und Leid?

Es müsste doch des Himmels Walten
uns hüten hier vor jedem Streit.

So leben wir in Spannungswelten
mit Gutem, Bösem Hand in Hand,
wo noch die alten Regeln gelten.
Das darf nicht sein, sagt der Verstand.

Wir müssen endlich schnell begreifen,
dass nur die Liebe darf bestehn.
Wir müssen hin zur Liebe reifen,
das Böse wird uns sonst verwehn.

Wir brauchen jetzt nicht mehr das Böse
zum Leben in globaler Welt.
Die Liebe, nicht Atomgetöse,
ist das, was hier und heute zählt.
- - -
Auch die feinsten Hiebe
schaffen keine Liebe.

7. **Anerkennung**

Als kleines Kind wurd' Franz beschimpft:
»Du bist ein großer Taugenichts,

in deinem Kopf, glaub ich, da sticht's.
Dich hat man sicher falsch geimpft.«

Und endlich in der Schule dann,
da sprach der alte Lehrer frech:
»Dein Kopf ist hohl, ach, welch ein Pech.
Du bist ein Bub, der gar nichts kann.«

Ein Lehrberuf wurd' Franz versagt,
da ja das Zeugnis grottenschlecht.
Für Franz gab's auch kein Bildungsrecht.
Er hätte gern es eingeklagt.

Als Nichtsnutz war Franz arbeitslos,
er kam in ein Erziehungsheim.
Und da wuchs schnell der böse Keim
vom Helden, den man feiert groß.

Als dann ein Pred'ger zu Franz sprach:
»Du bist ein Held, ein Mann der Tat,
ziehst du mit mir in den Dschihad!«,
bei Franz das Herz vor Glück aufbrach.

Nun endlich war Franz anerkannt.
Er folgte diesem Pred'ger blind,
so wie ein liebes, braves Kind
dem Vater folgt an dessen Hand.

Dann sprach der Pred'ger aufgebläht:
»Wenn du nun willst ein Held jetzt sein,
dann töte jedes Menschenschwein,
das unsern Glauben tief verschmäht.«

Jetzt wurde Franz fest eingewebt
in Minenbänder mit viel Schrot.
Dann waren hundert Menschen tot.
Das Heldsein hat Franz nicht erlebt.

Wir alle haben hier versagt,
und die Gesellschaft trägt die Schuld.
Warum ist selten angesagt
die Anerkennung und Geduld?
- - -
Wer selbstvertrauend sich kann achten,
wird niemals andre Menschen schlachten.

8. **Terroristen**

Nicht jeder Islamist
ist hier ein Terrorist.
Fast jeder Terrorist
ist derzeit Islamist.

Würd' jeder Islamist
verschmähn den Terrorist',
wär Frieden zwischen Christ,
Muslim und Islamist.

Und auch der Extremist
ist schnell ein Terrorist,
weil er sehr oft vergisst,
was wohl die Wahrheit ist.

Warum wird nicht geküsst
der Bruder ohne List,
damit er's Banner hisst
als Friedenskomponist?

Doch weil der Mensch so ist
in seiner Lebensfrist,
bleibt alles schrecklich trist
und voller Hass und Zwist.

- - -

Kein Mensch ist ein geborner Terrorist.
Es ist das Umfeld, das die Kindheit frisst.

9. Das Anthropozän
oder
Das Menschen-Zeitalter

Die Erde krümmte sich in Schmerzen,
weil sie die Lebenskraft verlor.
Die Schuld kam aus der Menschheit Herzen,
die Gier als Lebensziel erkor.

Die Wälderrodung, Pestizide,
die Überfischung meeresweit
und Menschengier – perfekt rigide –
zerstörten schnell der Erde Kleid.

Es traten auf die Todesboten
wie Hunger, Seuchen. Selbst die Pest
konnt' ihre Macht erneut ausloten.
So ist's, wenn man die Gier zulässt.

Da sprach die Erde klar und weise:
»Verringert Gier und Menschenzahl
sehr nachhaltig auf eurer Reise,
dann wird das Leben nicht zur Qual.«

»Warum?« Die Menschen raubten weiter
– das Kleid der Erde blutigrot.
Fast fröhlich und schon menschlich heiter
hielt Erntedankfest dann der Tod.

- - -

Die Gier ist eine böse Tugend,
die man verwehren muss der Jugend.

10. **Der Asteroid**

Ein Todesbote ist der Reiter,
der schweigend trabet durch das All.
Er ist ein Planetarienstreiter,
der Tod bringt unserm Erdenball.
Ein Ast'roid zieht seine Bahn
nach einem ganz exakten Plan.

Kein Mensch hat ihn bisher gesehen,
er ist bis heute nicht erfasst.
Und doch wird's irgendwann geschehen,
dass er uns trifft, er macht nie Rast.
Geschehen ist's schon tausend Mal.
Die Erde hat hier keine Wahl.

Besaß dann Astro sehr viel Masse,
zerbarst die Erde fast vor Schmerz.
Die Energien in dieser Klasse
beschädigten der Erde Herz.
Das Leben auf der Erde schwand.
Verwüstet war das ganze Land.

Und doch erholte es sich wieder;
die Saurier blieben zwar zurück.
Das Leben sang ganz neue Lieder
und für den Menschen kam das Glück.
War auch der Einschlag fürchterlich,
ohn' ihn gäb's weder dich noch mich.

Die Menschen werden einst vernichtet,
wenn Astro einschlägt, bös und wild,
denn niemand hat bisher errichtet
den voll perfekten Abwehrschild.
Die Menschheit feiert, tanzt und trinkt
auf einem Schiff, das plötzlich sinkt.

Warum nur sollten wir noch warten,
bis uns der Astro tötet schnell.
Wir spielen auf des Krieges Karten
und ziehn uns selber ab das Fell.
Der Mensch ist wie ein Tier in Brunft:
Es fehlt ihm einfach die Vernunft.
- - -
Der Mensch ist wie ein Ast'roid:
Er kommt ganz plötzlich und entflieht.

11. Der Flaschengeist

Der Flaschengeist saß eingeschweißt
in einem Fell aus Stahl.
Neutronenfluss im Überschuss
servierte er zum Mahl.

Die Qualität von Stahl gerät
ins Wanken dann sehr stark,
wenn das Neutron, du weißt es schon,
den Mantel trifft ins Mark.

Die Zähigkeit sich schnell befreit,
die Sprödigkeit kommt her.
Und unter Druck entsteht, ruck zuck,
ein Riss und viele mehr.

Nach dreißig Jahr' ist die Gefahr
des Berstens doch sehr groß.
Und Rep'ratur ist Action pur
und einfach sinnlos bloß.

Die Stahlwand birst bis in den First,
der Geist lacht bös und rau.
Die Fachwelt spricht sehr knapp und dicht
von einem Supergau.

Des Geistes Wind treibt schnell, geschwind
die Strahlung durch die Wand.
Und ungeniert kontaminiert
sind Mensch und Tier und Land.

Der Mensch, das Tier erkranken hier
und sterben voller Frust.
Betreiberboss und auch sein Tross,
sie feiern voller Lust.

Es wäscht sich fein von Schuld ganz rein
die Staatsregierungswelt.
Und schaut man hin mit scharfem Sinn,
blinkt aus den Taschen Geld.

Warum wird nicht, brutal und schlicht,
der Meiler abgestellt?
Der Kassenwart des Staates spart
dann doch extrem viel Geld.

- - -

Atome stehn für Leben.
Der Tod steht dicht daneben.

12. Die Uralten

Im Jahre eins neun sieben zwei,
da sprach die Wissenschaft sehr klar:
»Den Supergau gibt's einwandfrei
nur alle fünfzigtausend Jahr!«

Warum nur bin ich schon so alt?
So hunderttausend Jahr – recht viel!
Es hat schon zweimal bös geknallt,
die Null war wirklich nur ein Ziel.

Bald folgt ein Fünfzigtausend-Sprung;
die Reaktoren sind marod.
Dann bin ich wirklich nicht mehr jung,
und die Uralten sind bald tot.

Verantwortung trägt keiner hier
in unsrer schönen Wachstumswelt.
Es herrschen Geld und auch die Gier,
und diese Werteskala zählt.
- - -
Der Supergau
ist hart und rau.

13. Das Märchen

Es war einmal vor vielen Jahren,
da ging der Mensch durchs Mythenland
und konnt' dabei sehr schön erfahren,
wie hier ein Märchen schnell entstand.

Die Menschen lebten auf der Erde
sehr glücklich, da sie alles bot,
weil Gott gesprochen: »Ja, es werde!«,
von Früchten dann bis hin zum Brot.

Das Glück, es zeigte plötzlich Schwäche,
es polterte im Erdenhaus,
und glühend heiße Lavabäche
wild spuckte dann das Böse aus.

Man nannte Teufel dieses Böse,
das in der Erde wütete
und Hölle schließlich das Gekröse,
in der das Böse brütete.

Wenn nun der Teufel musste leben
im Reich der Finsternis gar schlicht,
warum sollt' Gott nicht oben schweben
als Gegenpol im Sonnenlicht?

So war der Himmel nun ein Sprengel,
der nur erreichbar war im Geist.
Drum brauchten Menschen jetzt den Engel,
der zwischen Erd' und Himmel reist.

Sehr schnell schon wuchsen diesem Flügel
fürs Botendasein in der Luft.
Und ungebremst, ganz ohne Zügel,
ward kleiner nun die Himmelskluft.

Doch plötzlich kamen böse Mächte,
es war die klare Wissenschaft;
der Mythenmantel der Geflechte
des Märchens wurde abgeschafft.
- - -
Aus Märchen kann man lernen.
Oft steht's nur in den Sternen.

14. Die Narren

Die Narren tollten froh herum
und riefen glücklich: »Bum, bum, bum!«,
und freuten sich am Leben.
Da kamen Wirtschaftsweise an
mit ernsten Mienen, Mann für Mann,
ganz wicht'ge Leute eben.

Als sie die Narren tollen sah'n,
da schauten sie sich sehr ernst an
und wollten sie belehren:
»Ihr seid ein dummes, faules Pack,
kein Wirtschaftsdenken unterm Frack.
Warum sollt' man euch ehren?

Wir brauchen Wachstum jetzt zuhauf
und bieten Panzer an zum Kauf
und vielerlei Gewehre.
Für Wachstum führen wir oft Krieg
und werten dieses dann als Sieg.
Wo bleibt nur eure Ehre?«

Die Narren weinten bitterlich
und schämten sich gar fürchterlich.
Die Scham ließ sie erröten.
»Verzeiht, verzeiht!«, ein Narr laut schrie
und alle fielen auf die Knie,
»dass wir für Geld nicht töten!«

- - -

Die Narren haben einen Geist,
der oft die wahre Richtung weist.

15. Vergangenheit

Sonnenschein fließt her zur Erde,
lindert mancherlei Beschwerde
und befreit von großem Leid.
Etwas über acht Minuten
müssen sich die Strahlen sputen:
Sonne ist Vergangenheit!

Von dem Mond zu unsrer Runde
heißt die Maßeinheit Sekunde,
die das Licht braucht in der Zeit.
Und warum dem Monde trauen,
wenn wir ihn verliebt anschauen?
Mond ist auch Vergangenheit!

Selbst die vielen, schönen Sterne,
die wir sehen in der Ferne,
leuchten aus vergangner Zeit.
Auch das Bild im feinsten Spiegel
legt sich an der Zeiten Zügel,
denn es ist Vergangenheit.

Ganz egal in welche Richtung
wir auch schauen, es ist Dichtung,
auch wenn unsre Seele schreit.
Und so hält der Frust gefangen

alles, was wir je besangen,
in der Zeit Vergangenheit.

Selbst das All, das wir jetzt sehen,
muss schon längst nicht mehr bestehen,
hat sich rein im Nichts befreit.
Alles, was wir sehen werden,
sei's am Himmel, auf der Erden,
alles ist Vergangenheit.

- - -

Würd's die Vergangenheit nicht geben,
wie sollten wir die Zukunft leben?

16. Der Lobbyist

Der Lobbyist ein Mensch wohl ist,
der eigene Gedanken
weiß zielgenau, das ist sehr schlau,
in andre einzuranken.

Und wenn bedingt das nur gelingt
mit guten Argumenten,
dann schiebt galant schnell eine Hand
ganz christlich ein paar Spenden.

Die Politik wird mit Geschick
unmerklich eingebunden
in Korruption mit Schmiergeldlohn;
die Freiheit ist verschwunden.

Bezahlen wird nun diesen Flirt
der Steuerzahler wieder.
Bestecher dann plus Nehmerklan,
die singen frohe Lieder.

Und fragst du nun: »Warum? Warum?«,
dann wird man dich belehren:
»Du bist der Sklav' und hast jetzt brav
den Reichtum uns zu mehren!«
- - -
Das große Spielchen Lobby
ist oft ein böses Hobby.

17. Ich

»Ich«, schrie das Baby ohne Not,
»will beide Mutterbrüste haben,
um mich allein daran zu laben!«,
und schlug den Zwillingsbruder tot.

»Ich«, rief das Kind mit lautem Schrei,
»werd' diese Suppe niemals essen.
Lasst diesen Fraß doch andre fressen!«,
und schmiss dann das Geschirr entzwei.

»Ich«, rief der Jüngling voller Wut,
»werd' niemals mehr zur Arbeit gehen.
Warum kann keiner das verstehen?
Mir geht's zu Hause doch sehr gut.«

»Ich«, schrie der Mann zu seiner Frau,
»werd' etwa zwanzig Kinder zeugen.
Du hast dich dem Diktat zu beugen.
Ich bin der Eber, du die Sau!«

»Ich«, rief der alte Mann voll Hass,
als er die schlimme Krankheit spürte,
die ihm das böse Herz einschnürte,
»ich beiße niemals hier ins Gras!«

»Ich«, sprach verächtlich da der Tod,
»werd' jetzt dein Leben schnell beenden
mit diesen, meinen eignen Händen.«
Und das Gewand ward blutig rot.

- - -

Das Ich führt Menschen einwandfrei
auf kurzem Weg in Tyrannei.

18. **Liebe**

Von Liebe waren sie umfangen,
sie konnte tief ins Herz gelangen.
Die Liebe ist der Menschheit Glück,
sie drängt das Böse weit zurück.

Sie trafen sich auf Wiesenauen
und konnten tief ins Herz sich schauen.
Von Hass und Zwietracht ganz befreit
erlebten sie Glückseligkeit.

Die Liebe konnte sich vermehren
und er wollt' das Ergebnis ehren.
Als dann das Kind geboren war,
da strahlte hell das Liebespaar.

Des Vaters strenger Arbeitgeber
braucht' weiter einen guten Pred'ger:
»Du trennst dich schnell, ich zahl fürs Kind!«
Der Vater aber rief geschwind:

»Du sollst doch deinen Nächsten lieben
so wie dich selbst, so steht's geschrieben.«
Der Chef ihn auf die Kanzel trieb,
zu predigen von Sünd' und Lieb'.

Da fragte sich der gute Vater
– in seinem Job ein guter Pater –:
»Warum ist das so voller Graus?«,
und zog den schwarzen Rock schnell aus.
- - -
Die Liebe fragt nicht nach dem Stand,
sie nimmt dich einfach an die Hand.

19. Wachset und mehret euch

Wie war es damals doch so schön,
als Adam konnt' im Garten gehn,
in seinem schönen Garten Eden.
Doch dann sucht' er den Zeitvertreib
und bat den Chef schnell um ein Weib,
mit dem er konnte flirten, reden.

Da sprach der Chef: »So mehret euch
und legt euch kräftig mal ins Zeug
und zeuget viele schöne Kinder.«
Da sprangen fröhlich sie ins Gras,
denn Zeugen macht ja sehr viel Spaß.
Sie zeugten viele kleine Sünder.

Sie kannten zwar jetzt die Potenz
in ihrem schönen Liebeslenz,

doch fehlte es an wahrer Mathe.
Denn Potenzieren war noch fremd,
sie dachten nur ans eigne Hemd,
nicht an die Wirkung, die es hatte.

Dann sprach der Chef im großen Wahn:
»Macht euch die Erde untertan!«,
bevor der Schlaf ihn übermannte.
Da nun der Tag gleich tausend Jahr,
nahm es der Chef wohl gar nicht wahr,
wie alles aus dem Ruder rannte.

Die viel zu große Menschenzahl
auf dem begrenzten Erdenball
zerstört' der Erde schönes Leben.
Die Erde wurde ausgeraubt,
die Bäume danach schnell entlaubt.
Man ließ die Totenflagge schweben.

Warum sagt niemand deutlich, klar
und unerschrocken: »Das ist wahr,
die Menschheit muss man reduzieren!
Dann gibt es Land im Überfluss,
Ressourcen teilt man mit Genuss,
und niemand kann hierbei verlieren.

Weckt also schnell den Chef jetzt auf,
damit er bremst den Weltenlauf.«

»Wie können wir ihn denn wohl wecken?«
»So zündet doch mit lautem Knall
Atombomben als erste Wahl.
Damit lässt jeder sich erschrecken.«

Nun gab es vielfach einen Knall
und einen großen Widerhall
mit all den kampfbereiten Waffen.
Der Chef wurd' wach, dann sah er rot:
»Die Menschen sind ja alle tot!
Ich leg mich besser wieder schlafen.«
- - -
Die Erde selbst ist grenzenlos,
Ressourcen nicht, das ist das Los.

20. Das Wesen Mensch

Vor sieben Millionen Jahren,
so sagen die Genetiker,
da mussten Mensch und Tier erfahren:
Ihr Weg war ein sich trennender.
Was vorher noch Gemeinsamkeit
entfernte sich im Genenstreit.

Die Menschen und die Menschenaffen,
sie gingen ihren eignen Weg.

Die Menschen mussten Neues schaffen.
Es war für sie kein Privileg
im offnen Lande zu bestehn.
Doch das Gehirn wuchs wunderschön.

Es lernte das abstrakte Denken,
ganz losgelöst von dem Objekt.
Und dieses Wissen konnt' es lenken
in das Erkennen – fast perfekt!
Jedoch es war ein hoher Preis:
Es endete das Paradeis.

Die Menschen hüllten sich in Kleider
und zeigten stolz ihr Eigentum.
Doch der Besitz hat viele Neider.
Der Tod lief jetzt als Mensch herum.
Und dieses Töten, kurz und hart,
das reicht bis in die Gegenwart.

Der Mensch sieht sich im Schöpfungswerden
als höchstes Wesen mit der Kron',
das ohne Widerspruch, Beschwerden
den andern bringt um seinen Lohn.
Warum sind wir denn nur so blind,
erkennen niemals, was wir sind?

Wir sind, man muss es deutlich sagen,
in Zeiten wo der Krieg uns führt,

nur Tiere, welche Kleider tragen,
die Empathie nicht mehr berührt.
Warum sieht niemand was er ist:
ein Idiot mit Lebensfrist!
- - -
Die Menschen stehn mit langen Hälsen
noch immer auf dem Affenfelsen.

21. Empathie

Die Alten hatten Klassentreffen
in ihren alten Kneipenhäfen.
Ein jeder sprach bestimmt und laut.
Doch keiner wollt' den andern hören;
das ist wie Höflichkeit von Gören,
wenn jeder auf die Pauke haut.

Sie redeten und redeten,
die Stimmbänder verödeten
bei diesem harten, barschen Ton.
Jedoch beim Reden sind es Pflichten,
dass einer hört, der andre spricht denn,
sonst fehlt die Information.

Sie pöbelten sich an sehr heftig,
der Sprachstil ungehobelt, deftig,

denn jeder wollt', dass man ihn hört.
Sie schrien sich an im großen Raume
und keiner hatte sich im Zaume.
Sie wirkten sichtlich arg verstört.

Warum will keiner denn begreifen,
dass jede Freundschaft nur kann reifen,
wenn Empathie vorhanden ist.
Wo diese fehlt an allen Enden
– man kann es drehen oder wenden –,
ist das Gered' von Freundschaft trist.

Wird Empathie bei unsern Hunden
viel größer als beim Mensch empfunden,
dann tauschen wir die Namen hier.
Wir werden nun in Namenssachen
den Hund zu einem Menschen machen.
Der Mensch darf bellen an der Tür.
- - -
Lebe stets die Empathie,
sonst stehst du sehr weit unterm Vieh.

22. Wachstum

»Wachstum!«, schrien Politiker,
»Wachstum!«, ihre Kritiker.

Wachstum, folgert der Verstand,
ist ein Muss für jedes Land.

So was hört der Lobbyist
gerne und nach kurzer Frist
lud die Zuckerindustrie
ein zum Vortrag mit Esprit.

Thema dieses Vortrags war:
Wachstum in dem Handelsjahr!
Und Professor Zuckermaat
hielt dazu das Referat:

»Mit dem Zucker, explizit,
weis ich nach, was wohl geschieht,
wenn der Zuckerwert ansteigt,
wie sich dann das Wachstum zeigt.

Anschub flacher Konjunktur
ist mit Zucker möglich nur.
Zuckernahrung stärkt den Markt,
da die Nachfrage erstarkt.

Jedes Baby braucht im Tee
sehr viel Zucker, sonst, o weh,
trinkt das Baby nicht genug
und das stoppt den Wachstumszug.

Jeder mehr verbrauchte Tee
ist wie eine Wachstumsfee,
und er schafft für Frau und Mann
Arbeitsplätze schnell sodann.

Arbeitsplätze bringen Geld.
Wenn man's ausgibt, dann erhält
durch die Steuern auch der Staat
Gelder, die er sonst nicht hat.

Geld schafft Wachstum hier im Land,
und das Geld wird angewandt
für die große Wirtschaftskraft,
die dann neues Wachstum schafft.

Körperliches Wachstum steigt
im Quadrat der Süßigkeit,
die der Mensch stets zu sich nimmt,
seinen Massepegel trimmt.

Zucker regt das Wachstum an
– das nicht nur beim Babyklan.
Auch der Jüngling und die Maid
werden jetzt ein wenig breit.

Nun braucht man ein neues Kleid,
was den Hersteller erfreut.

Fröhlich produziert er gern
XXX für Frau und Herrn.

Irgendwann, das ist bekannt,
leiden Hüfte, Rückenwand.
Die Ersatzteilindustrie
fertigt Hüfte und auch Knie.

Diabetes folgt sodann
einem süßen Zuckerrun.
Und warum ist eignes Leid
nun des andern höchste Freud'?

Pharmazeuten freuen sich,
das ist nicht verwunderlich.
Steigt der Aktienkurs steil an,
ist es wie im Drogenwahn.

Der Finanzminister lacht
über's Geld, das er bewacht.
Stirbt der Kranke dann noch schnell,
wird die Miene zweifach hell.

Keine Rente, das spart Geld
bei den Rentnern, und das zählt.
Ja, es steht die schwarze Null.
Aktien stehen voll auf Bull.

Zucker, sagt die Wissenschaft,
fördert Wachstum mit viel Kraft.
Nur nach Kriegen, das ist klar,
stets das Wachstum höher war.

Also spielen wir doch Krieg!
Für das Wachstum heißt das Sieg!
Das war nun der Wachstumsrat.
Danke, sagt euch Zuckermaat!«
- - -
Das Nahrung-Wachstum-Paradies
ist meist sehr fettig und auch süß.

23. Das Land

Wer Nahrung braucht, der braucht auch Land!
So gilt es schon seit ew'gen Zeiten.
Und auch Gebote sind bekannt:
Du sollst um den Besitz nicht streiten!
Jetzt sei die Frage doch erlaubt:
Hab'n wir vielleicht schon Land geraubt?

Die Deutschen brauchen sehr viel Land,
viel mehr als sie bis heut besitzen.
Das ist der Wissenschaft bekannt.
Wo müssen sie es denn stibitzen,

damit das Volk gesättigt wird
vom Arbeiter bis hin zum Wirt?

Die Oberfläche dieser Erd'
ist grenzenlos, doch nicht unendlich.
Die Politik wohl nie erfährt,
dass es so ist. Das ist befremdlich!
Wir nähren uns von fremdem Brot
und deshalb gibt es keine Not.

Doch jetzt komm'n diese Menschen all,
die wir um ihren Lohn betrogen,
in übergroßer Flüchtlingszahl
wohl übers Meer gezogen.
Warum nur schrei'n wir voller Wut:
»Bleib draußen, alte Flüchtlingsbrut!?«
- - -
Wer Brote isst vom fremden Lande,
steht sicher am Gesellschaftsrande.

24. **Erkenntnis**

Es saß einst unterm Apfelbaum
der erste Mensch und schlief sehr fest.
Er hatte einen schönen Traum
von Einsicht durch den Apfeltest.

Und dann, sofort nach dem Erwachen,
da wollte diesen Test er machen.

Als er erwacht' aus seinem Traum,
da schaute er den Apfel an.
Er pflückte ihn sehr schnell vom Baum
und ward sofort ein andrer Mann.
Beim Pflücken und vom Baume Trennen
konnt' Adam sich nun selbst erkennen.

Ist das Bewusstsein erst erwacht,
ist das Behütetsein vorbei.
Verschwunden ist der Schutz der Nacht,
das Selbsterkennen macht dann frei.
Ab jetzt muss jeder selbst entscheiden
und das bringt Freude und auch Leiden.

Entscheiden kann wohl nicht ein Huhn,
es ist bestimmt entscheidungsblind.
Es muss in den Instinkten ruh'n
und ist programmlich vorbestimmt.
Ein Huhn kann niemals falsch entscheiden.
Sind das nicht paradiessche Freuden?

Es war ein richtig hoher Preis
den Adam zahlen musste nun.
Es war das End' vom Paradeis,
in dem bisher er konnte ruh'n.

Warum will niemand recht verstehen,
dass wir mit Adams Augen sehen?

- - -

Erkenntnis ist ein hoher Preis:
der Rausschmiss aus dem Paradeis.

25. **Hassprediger**

Der Prediger rief voller Hass:
»Wir brauchen junge Wesen,
die sich und andre, richtig krass,
aus dieser Welt erlösen.
In allen Wassern darf nur baden
ein Gläubiger von Gottes Gnaden.

Drum bindet Bomben an den Leib
und tötet diese Herde
von Teufeln, so aus Zeitvertreib,
damit es Frühling werde.
Die Erde müssen wir befreien
und alle Ungläub'gen bespeien!«

Es tragen nie den Bombentod
die Pred'ger und die Alten
an ihrem Körper ohne Not.
Sie wollen nur verwalten

das sehr bizarre Glaubenswesen.
Die Welt wird nie daran genesen.

Warum hat denn ein Pred'ger nicht
die Bombe in den Händen?
Das wäre doch wohl seine Pflicht,
als Held hier bald zu enden.
Doch dieser Bösewicht will leben,
missbraucht dafür die Jugend eben.

Wir Jugendliche sagen »Nein!«
zu diesem bösen Treiben.
Wir wollen auf der Erde fein
noch viele Jahre bleiben.
Wir werden alle tolerieren,
dann kann auch niemand mehr verlieren.
- - -
Wer immer predigt nur den Hass,
auf den ist niemals hier Verlass.

26. Der apokalyptische Reiter

Es ist soweit, nach kurzen Zeiten,
der Geist will aus der Flasche raus.
Er möchte in die Städte schreiten,
wo er besucht dann jedes Haus,

um strahlend sich da auszubreiten
als Todesengel voller Graus.

Und endlich ist er ausgeschlafen,
ein kurzer Ruck, dann platzt die Wand.
Jetzt trifft es wieder alle Braven,
die den Betreiber angemahnt.
Doch der denkt immer nur ans Raffen,
und das ist wirklich eine Schand'.

Warum nur steckt man die Betreiber
nicht ins Reaktor-Areal,
damit dann trifft auch ihre Leiber
beim Gau gezielt der Todesstrahl?
Doch diese Herren sind die Schreiber
von Schecks für's Leben ohne Qual.

Damit Betreiber Geld verdienen,
steht Sicherheit stets hintenan
und dann, mit sehr, sehr ernsten Mienen:
»Wir haben alles hier getan,
damit es glatt läuft wie auf Schienen,
denn alles andre wäre Wahn!«

Der Wahn ist kurz, sehr lang die Reue,
wenn dann das Werk zusammenbricht,
des Kernkraft's Strahl, ganz ohne Scheue,
sich sucht den Weg hinaus ins Licht.

Betreiber reisen dann voll Schläue
ins Land, wo nur die Sonne sticht.

Von dort hört jeder sie dann tönen:
»Wir haben alles doch gemacht,
damit der Mensch sich kann verwöhnen
durch Strom, der aus der Dose lacht.«
Jedoch betroffne Menschen stöhnen
und kämpfen in der Strahlenschlacht.

Und Millionen Menschen sterben,
so nach und nach, den Strahlungstod.
Der Rest wird sicher noch vererben
viel Missbildung und große Not.
Es führt doch immer ins Verderben,
wenn Gier gerät ganz aus dem Lot.

»Wir sind jetzt bei euch in Gedanken!«,
so spricht dann eine Staatsperson,
wenn Strahlende zum Friedhof wanken,
kassieren des Betreibers Lohn.
Viel' Millionen Menschen sanken
ins kühle Reich – ach, welch ein Hohn!

Hätt's Millionenheer gewaltet,
dann wäre jetzt nur einer tot,
das AKW längst abgeschaltet,
es gäb kein strahlend Abendrot.

Der Bürger würd' – scheint's auch veraltet –
die Witwe trösten in der Not.
- - -
Wir stellen fest in ein paar Jährchen:
Der Flaschengeist, das ist kein Märchen.

27. **Deutsches Liedgut** oder **Integration**

Mein Stammbaum reicht sehr weit zurück,
und ich empfinde das als Glück,
weist er mich doch als jemand aus
mit Tradition im Elternhaus.
Seit siebenhundertfünfzig Jahr'
ein jeder Ahn Germane war.

Schon früh hört' ich ein Wiegenlied
von Freuden, Leiden, Krieg und Fried'.
Es wies auf die Gemeinsamkeit,
die uns von Ängsten oft befreit.
Das Lied, es zeigte so den Rat
für eine nette Freundschaftstat.

Und trat ein Fremder in das Haus,
dann holte ich die Klampfe raus.
Wir sangen dann ein Lied voll Freud',
das brachte Einklang, niemals Streit.
Die Fremdheit schwand durch's schöne Lied.
Es blieben Wärme, Glück und Fried'.

Nun sind die Haare doch recht grau
und immer wen'ger ich mich trau,
ein Lied zu singen voller Kraft,
das Freiheit für die Seele schafft.
Viel kleiner wird der Freundeskreis,
wie jeder aus Erfahrung weiß.

»Am Brunnen vor dem Tore« sang
ich einst und saß auf einer Bank.
Da kamen Menschen mit Akzent
und schwarzen Haaren – etwas fremd.
Sie sagten: »Briederchen, musst schon
viel machen Integration!«

Sie schenkten mir ein Büchelein
mit fremden Liedern für das Sein.
Als stolpernd ich die Noten sang,
mit fremdem Text und fremdem Klang,
meint einer doch sehr ungeniert:
»So, Briederchen, bist integriert.«

Warum, so frage ich mich jetzt,
sind manche Fremde so verletzt,
wenn man mit deutschem Liedgut lebt
und nicht nach fremden Werten strebt?
Warum muss es »Good morning!« sein,
ist »Guten Morgen!« nicht mehr fein?

Was ist das nur für eine Schand',
dass ich in einem fremden Land
nicht gleiche Sprache, gleichen Brauch
erwart' wie in der Heimat auch.
Und das tut mir so schrecklich leid.
Ich kann nur rufen: »Ach, verzeiht!«
- - -
Die wahre Integration
erkennt man schnell am guten Ton.

28. Franz von Parteilos

Franz von Parteilos saß zu Haus
und schaute trüb zum Fenster raus.
Er sah die rechte Brut marschieren,
mit Hakenkreuzen defilieren.
Sie pöbelte, wie längst bekannt,
für Zucht und Ordnung hier im Land.

Kaum war die Straße wieder frei,
da sah er schon die Linkspartei.
Sie schwenkten kräftig Hammer, Sichel
und schimpften auf den Deutschen Michel,
weil er nicht ihrer Meinung war
mit freier Brust und Pink im Haar.

Dann kam die Mitte angewankt,
sie schienen alle sehr erkrankt.
Da sie nicht links noch rechts im Wissen,
hat jeden es total zerrissen.
Sie riefen alle überlaut:
»Es ist die Mitte, der man traut!«

Warum muss man der Meinung sein,
die vorgedacht und oft nicht fein?
Warum herrscht nicht das freie Denken,
ganz losgelöst vom fremden Lenken?
Franz von Parteilos dachte nach,
fand dieses Tun als eine Schmach.

Denn bist du hier nicht angepasst,
dann wirst du leider sehr gehasst:
Die Linken, Mitte und die Rechten
sind hier die Guten, wir die Schlechten.
Du bist dann wie ein alter Lurch:
nicht links, nicht rechts, nur untendurch.
- - -
Wir brauchen die Parteienwelt,
weil sie das Meinungsbild darstellt.

29. Der Unfall

Ein harter Schrei der Bremsenscheiben,
dann Reifenquietschen immerzu,
ein kurzes Zueinandertreiben,
ein Crash und dann nur Stille, Ruh'.
Zwei Kraftfahrzeuge ganz in Trümmern
und irgendwo ein leises Wimmern.

Die Menschen strömten nun in Scharen
herbei zu diesem Unglücksort.
Die Kameras im Anschlag waren,
kein Hilferuf, kein tröstend Wort.
Hier standen Tiere voller Grauen,
die nur das Elend wollten schauen.

Wir müssen diesen Tweet doch schicken
durchs Netzwerk zu den Menschen all,
damit sie sich daran erquicken
und Stellung nehmen zu der Qual.
Die Welt braucht Informationen
und geldlich kann sich das auch lohnen.

Bald kamen auch die Rettungskräfte,
die jemand schließlich herbestellt.
Sofort ein Filmer sie ankläffte:
»Seid ihr jetzt hier als Antiheld?

Haut ab, ihr alten Weicheichosen,
ihr macht euch doch nur in die Hosen!«

Am nächsten Tage war zu lesen,
mit Bildern voller Abscheu pur:
»Was sind das nur für böse Wesen,
die Rettung hindern, dumm und stur?«
Dabei stand der Reporter vorne
und bremste Helfer aus im Zorne.

»Ein Kind könnt' leben«, sprach ein Retter,
»wenn Einsicht wär bei unserm Tun.
Wär jeder Gaffer etwas netter
und stände nicht auf unsern Schuh'n,
dann würde mancher Mensch noch leben
und könnt' den Dank dann weitergeben.«

Warum sind wir so unbarmherzig,
wenn es um fremdes Leben geht
und jammervoll und richtig schmerzlich,
wenn dafür unser eignes steht?
Wir müssen noch sehr viel bedenken,
nicht nur beim Nehmen, auch beim Schenken.
- - -
Verrohung schreitet dann voran,
wenn Empathie nicht folgen kann.

30. **Sternenkinder**

Geboren aus dem Staub der Sterne,
erhalten durch der Sonne Licht,
so wandern wir dann hier sehr gerne,
bis einstens uns das Auge bricht.

Vor ein'gen Milliarden Jahren,
da glühte hell ein Stern sehr schön.
Auch diese Sonne musst erfahren,
beständig ist nur das Vergehn.

Nach einem heißen Sternenleben,
da ging dem Stern die Puste aus.
Er hatte Wärme abgegeben,
nun kam das Ende voller Graus.

Er fiel zusammen, schrie sehr heftig
und stieß die Hülle von sich ab.
Die Explosion war kurz und kräftig
und dann fiel er ins Sternengrab.

Die Explosion erzeugte Fülle
wie sie das All noch nie gekannt
an neuen Stoffen in der Hülle.
Auch Gold und Silber jetzt entstand'.

Ja, all' was schwerer war als Eisen,
das hatte niemals existiert
bei diesem Stern auf seinen Reisen.
Der Tod auch Neues oft gebiert.

Die Gravitationskonstante,
sie sammelte die Stoffe ein
und alles zueinander rannte.
Die Erde formte sich zum Sein.

Und wir sind nun ein Teil der Erde,
aus Stoffen dieser Erd' gemacht,
als unser Schöpfer sprach: »Es werde!«
Wir sind die reinste Sternenpracht.

Warum musst all das nur geschehen,
damit ich bin auf dieser Welt?
Ich höre nur ein leises Wehen.
Ach, hätt' ich nie die Frag' gestellt.
- - -
Ohne Sterne:
Leere, Ferne.

31. Der Philosoph

Ein Philosoph saß in der Kammer
und dacht' ans Leben, an das Sein
und auch den großen Todesjammer,
wenn's Leben endet dann im Schrein.
Würd' er wohl einen Weg hier finden
aus all den bösen Kriege-Sünden?

Was könnte man konkret hier machen,
damit die Kriege nicht entstehn?
Was sind denn stets die Anfangssachen?
Kann jemand diese Gründe sehn?
Was treibt die Bösen nur zur Tat,
damit der Krieg den Anfang hat?

Es sind die Gier und das Besitzen,
der starke Drang zum Herrschersein.
Schon Kinder in die Bäume ritzen
ein großes Herz und: »Du bist mein!«.
Wenn jedes Kind nur Lieb' erfährt,
dann ist das Böse schnell verjährt.

Doch die Begierde, Machtgelüste,
die treiben viele Menschen an.
Hier ist die Nächstenliebe Wüste,
es herrscht nur der Besitzerwahn.

Etwas zu tun ist unsre Pflicht,
bevor der nächste Krieg ausbricht.

Erfasst man nun rein mathematisch
die Bösen zu dem Rest der Welt,
dann ist's Verhältnis hochdramatisch,
weil fast das Friedensvolk nur zählt.
Denn von vielleicht eintausend Mann
ist einer, der für Krieg stimmt dann.

Jetzt kommt die Philosophenfrage:
Darf man den Einen töten jetzt,
um Tausende aus Krieges Lage
zu retten – einfach grob geschätzt?
Denn ist der Eine bald nicht tot,
wird manches Land schnell blutigrot.

Warum war keiner dieser Denker,
von Hegel dann bis hin zu Kant,
ein richtig großer Staatenlenker?
Lag es an fehlendem Verstand?
Erkenntnis gibt's bei Wein und Bier:
Der Mensch ist leider nur ein Tier!
- - -
Das Philosophensein
heißt oft: Ich bin allein.

32. **Kinderphilosophie**

»O, was riecht das hier so fein«,
ruft der kleine Franz.
»Papi, schau ins Töpfelein,
ist's vielleicht 'ne Gans?«

»Ja, mein Sohn, der Braten hier
kommt bald auf den Tisch.
Er wird schmecken dir und mir,
denn die Gans ist frisch.«

»Und warum nur essen all'
Tiere ohne Not?
Tät's nicht auch ein fleischlos' Mahl
mit Gemüs' und Brot?«

»Ja, mein Sohn, im Zeitenlauf
hat sich's eingestellt,
Kluge fressen Dumme auf
hier in dieser Welt.

Menschen fressen Gänselein
und die Gans den Schneck,
Schnecken dann Salate fein,
der Salat den Dreck.«

»Gut, dass wir die Klügsten sind«,
ruft da Franz voll Glück,
»sonst gäb's sicher sehr geschwind
Menschlein in Aspik.«

- - -

Die Kinder sagen mehr,
als der Verstand gibt her.

33. Erbsünde

Als Adam einst den Apfel schmauste,
vom Baume der Erkenntnis aß,
das Strafgericht hernieder sauste.
Der Herr die Folgen dann vorlas:

»Diese Tat, du böser Sünder,
wird vererbt auf deine Kinder!«

Doch irgendwann den Herrn es reute,
dass er die Kinder so bestraft,
da jedes Kind ihn doch erfreute,
und er befahl aus eigner Kraft:

»Sohn, ich muss dir nun verkünden,
du tilgst aller Menschen Sünden!«

Und der Erlöser kam zur Erde,
er gab sich ganz der Menschheit hin.
Doch diese böse, wilde Herde
empfing ihn nicht mit hehrem Sinn.

»Kreuzigt ihn!«, so schrien die Bösen,
»denn er muss uns ja erlösen!«

Zweitausend Jahre sind verstrichen;
die Menschheit ist noch bös und wild.
Zu viele Menschen hier verblichen
durch Sturmgewehre, Speer und Schild.

Tote gab's in allen Zonen,
viele hundert Millionen.

Vergleichen Äpfel wir mit Toten,
dann muss man rechnen mit Geduld,
das Maß der Sünden tief ausloten:
Gestiegen ist der Erbsünd' Schuld.

Die Erlöser müssen kommen
tausendfach jetzt zu den Frommen.

Denn einer wird wohl nicht mehr reichen,
um uns zu retten aus der Not.
Es müssen tausende erbleichen,
vielleicht erlöst uns noch mal Gott.

Wir versprechen, ohne klagen,
alle auch ans Kreuz zu schlagen.

Warum ist Gott der Apfel wichtig
– er ist doch nur ein Wirtschaftsgut –,
der Mensch dagegen einfach nichtig?
Den Mensch ergriff die große Wut.

Böse schrie er, wurde wilder:
»Gott, wir sind die Ebenbilder!«
- - -
Wie wird alles hier wohl enden,
wenn wir nicht die Pläne wenden?

34. Freiheit

Verbissen lenkte er den Laster,
verkehrsrechtlich ganz einwandfrei.
So fiel er nicht ins grobe Raster
der guten Landespolizei.
Ein Mann voll böser Wut.
Das ist nicht gut!

Sehr viele Menschen kamen fröhlich
herbei zu diesem Weihnachtsmarkt
und freuten sich, adventlich selig,
weil hier der Frieden oft erstarkt.

Gemeinschaft fördert Freud',
vertreibt das Leid.

Es glühten hell die schönen Sterne
an jedem großen Weihnachtsbaum,
doch plötzlich kam aus großer Ferne
ein Truck, zerstörte diesen Traum.
Es fuhr der Sensenmann,
ein Mensch im Wahn.

Die vielen Menschen arg erschraken
und liefen stolpernd, schreiend weg.
Jedoch des Lasters Todesbaken
erdrückten sie im Straßendreck.
Und Gott blieb einfach stumm.
Warum? Warum?

Versuch das Wasser zu erschlagen,
dann weißt du, dass es nicht gelingt.
Du kannst auch viele Menschen jagen,
das Lied der Freiheit weiter klingt.
Die Menschheit leicht erbebt.
Die Freiheit lebt!
- - -
Die Freiheit ist unsterblich
und – Gott sei Dank! – auch erblich.

35. Die Gottesaktie

Der Pfarrer sprach zum Banker,
sie standen auf dem Flur:
»Mein Freund, du alter Henker,
du bist die Sünde pur.
Du nimmst von Arm und Reich.
Du bist dem Teufel gleich.

Wenn du dich willst noch retten,
nimm Gottes Werte an,
sonst legt dich Gott in Ketten
bei deinem Geldgierwahn.
Der wahre Wert ist schön,
heißt Gott, wird nie vergehn.«

Da sprach sehr ernst der Banker:
»Warum sprichst du so klar,
was ich, als großer Denker,
jetzt endlich mache wahr?
Ich lege Aktien auf
und biete sie zum Kauf.

Es sind die Gottesaktien,
ohn' jeden Wertverlust,
die werden schnell den Dax ziehn,
das ist mir jetzt bewusst!«

Der Gottesmann rief starr:
»So spricht ein Bankernarr!«
- - -
Wenn erst den Mensch die Gier gepackt,
verkauft er Gott, das ist wohl Fakt.

36. **Die 10 Gebote**

Warum nur brauchen wir fürs Leben
von den Geboten gar so viel?
Wir könnten doch mit großem Streben
die Eins erklären als das Ziel.
Dann gäbe es viel wen'ger Streit
und das bedeutet: kaum noch Leid.

Warum nur zählt: Du sollst nicht stehlen,
nicht ehebrechen und so fort?
Wir können es nicht mehr verhehlen,
nicht alles gilt an jedem Ort.
Die Werte müssen weltweit stehn
als Akzeptanz im Weltgeschehn.

So müssen wir jetzt schnell erkennen
ein oberstes Gebot, das gilt
für alle, die sich Menschen nennen,
die dann auch wirklich sind gewillt

fest einzustehn für das Gebot,
im Überfluss wie in der Not.

Und das Gebot heißt Nächstenliebe,
das alle anderen ersetzt.
Es heißt verstehen, ist nicht prüde
und hat noch niemanden verletzt.
Befolgen wir es weltenweit,
kehrt Frieden ein für alle Zeit.
- - -
Zehn ist nicht der letzte Schrei;
Eins ist besser, einwandfrei.

37. **Evolution und Technik**
oder
Fliegenfänger-Extremisten

Schön war die Zeit der Harmonie,
als Mensch und das verwandte Vieh
mit der Natur in Eintracht lebten.
Die Zeit der Evolution
lief parallel zum Technikstrom,
die beide unsre Zukunft webten.

Die Technik und die Langsamkeit,
das passte nicht, es kam zum Streit

und beide gingen eigne Wege.
Die Evolution blieb stur,
sie pochte auf ihr Tempo nur,
die Technikzeit war ihr zu rege.

Die Technik eilte jetzt voran
in Sprüngen wie im Fieberwahn,
und niemand konnte das vermeiden.
Die Technik hatte sich befreit
und stieg als Funktion der Zeit
quadratisch in die Technikfreuden.

KI, Computer, Internet,
Raketen, Drohnen, Twittern, Chat
beherrschen oft nur die Experten.
Die Teilbereiche im Beruf
für viele eine Fremdwelt schuf,
die sie mit Wissensangst bewerten.

Die Angst erzeugt dann in der Zeit,
gepaart mit der Unwissenheit,
den Wunsch, das alles zu begreifen,
wohlwissend, dass es nie geschieht,
da Technikwissen vorwärts zieht.
Es kann im Hirn so schnell nicht reifen.

Jetzt suchen wir die Sicherheit,
die uns aus dieser Angst befreit,

bei Fliegenfänger-Extremisten.
Die Schwarmgeborgenheit als Wort
und Lösungen für jeden Ort,
so werben sie mit klaren Fristen.

Durch Twittern und im großen Chat,
mit Social Bots im Internet,
verspricht man uns Geborgenheiten.
Das falsch und trügerisch sie sind,
erkennt ein jedes kluge Kind.
Es kommen schlimme, böse Zeiten!

Warum, so fragen wir verstimmt,
sind wir denn nur darauf getrimmt,
den Fliegenfang zu unterstützen?
Warum ist der nicht in der Pflicht,
der uns das Paradies verspricht,
die Menschen vor sich selbst zu schützen?
- - -

Wie kann man Mensch, Natur versöhnen,
anstatt die beiden zu verhöhnen?

38. Der böse Traum

Nachbarn lebten recht zufrieden,
nur ein Grenzzaun trennte schwach,
bis ein böser Traum hienieden
Freundschaftswerte schnell zerbrach.

Schon an einem frühen Morgen
war die Mutter aufgebracht,
trug sie in sich große Sorgen,
die ein Traum in ihr entfacht'.

Schlimme Kriege, Hungersnöte,
Krankheit, Leid und großes Weh
sah sie vor der Morgenröte
in dem Traume aus der Näh'.

Sie vergaß die Morgengrüße,
stolperte am Kind vorbei,
trat dem Kind dann auf die Füße.
Tränen gab es und Geschrei.

Und der Vater schlug sein Herzlein,
weil es einfach so laut schrie.
Ja, das war ein böses Schmerzlein,
das selbst keiner wünscht dem Vieh.

Und das Kind lief voller Panik
mit zwei Kerzen in der Hand
hin zum Nachbarfreunde Jannik,
stellte sie dort an die Wand.

Betete für Frieden, Liebe,
schlief dann ein auf weichem Stroh,
träumte von der Bosheit, Hiebe.
Plötzlich brannt' es lichterloh.

Nachbars Haus stand hell in Flammen.
Schreiend lief das Kind zurück.
Doch der Nachbar wollt' es rammen,
schmiss ein Holzstück ins Genick.

Feindschaft wurde nun geboren.
Aus der Feindschaft wuchs der Streit.
Auch der Glaube ging verloren
für das Wort Gerechtigkeit.

Da die Streiter hart gerieten
– von den Werten ganz befreit –
in den Kampf auf zwei Gebieten,
war ein Krieg jetzt nicht mehr weit.

Angetrieben durch die Schreier
– ausgeschaltet der Verstand –,

riefen dann auch Müller, Meier:
»Rettet unser Vaterland!«

»Und was nehmen wir für Waffen?«
Alle schrien: »ABC!
Das ist gut für diese Affen.
Denn das tut dem Volke weh!«

Angekündigt von Propheten,
gab's ein Feuerwerk voll Pracht.
Panzer, Schiffe und Raketen
zeigten ihre große Macht.

Plötzlich war der Krieg entschieden,
alle Menschen mausetot.
Millionen Jahre Frieden!
Und warum herrscht heute Not?
- - -
Träume trennen,
wenn wir pennen.

39. **Das Erbe in uns** oder **Die Erbsünde**

Wir Menschen sind entschwunden
dem Tiersein, unumwunden,
jedoch nicht weit genug.

Wir können zwar erkennen,
dass wir uns oft verrennen;
wir stehn zu dem Betrug.

Wir müssen nicht mehr töten,
wenn wir mal sind in Nöten
um unser täglich Brot.
Wir können es erleben,
dass andre Spenden geben,
uns helfen aus der Not.

Warum spiel'n wir die Richter
und nicht die netten Dichter,
die töten nur im Buch?
In Millionen Jahren,
wenn wir's dann noch erfahren,
erkennen wir den Fluch.

Noch sind wir unbelehrbar,
und das ist gar nicht ehrbar.
Wir sprechen von Moral.
Jedoch bei unserm Handeln
erkennt man nicht das Wandeln.
Die Einsicht fehlt total.

Wir müssen schnell uns ändern
in allen Erdenländern.
Die Nachdenkfrist ist knapp.

Wir dürfen nicht mehr töten,
denn das ist nicht vonnöten.
Jedoch wir sind zu schlapp.

Warum nur woll'n wir morden
für irgendwelche Orden?
Tun wir es denn aus Freud'?
Wie können wir uns fangen
von diesem Todverlangen
und von dem vielen Leid?

Der Tod, der uns ernährte
und sich bis jetzt bewährte,
wird nun zum Bumerang.
Wir müssen ihn entsorgen,
sonst sehn wir nicht das Morgen,
und er hält Erntedank.
- - -
Das Erbe müssen wir erkennen,
bevor wir uns total verrennen.

40. Wer wirklich liebt

Wer wirklich liebt, der kann nicht hassen.
Die Liebe ist das Elixier,

das Sanftmut schenkt in großen Maßen,
es ist der Tugend höchste Zier.

Wer wirklich liebt, schaut nicht hernieder
auf Tod und Leben, das Geschick.
Die Liebe, sie kehrt immer wieder,
das Leben aber nie zurück.

Wer wirklich liebt, lebt nie in Sünde,
wo Liebe ist, ist Sünde fern.
Das sind genug der guten Gründe,
der Lieb' die Tür zu öffnen gern.

Wer wirklich liebt, stellt keine Fragen
nach dem »Warum? Weshalb? Wieso?«,
er wird von Harmonie getragen,
und das macht seine Seele froh.

Wer wirklich liebt, der schenkt auch Liebe
dem Freunde und sogar dem Feind.
Vergessen sind die bösen Triebe,
wenn Liebe lebt und uns vereint.

Wer wirklich liebt, der kann vereinen
die Menschen hier im Weltgeschehn.
Nun müssen Menschen nicht mehr weinen,
es kann das Liebe-Banner wehn.

- - -

Liebe ist rein
wie guter Wein.

41. **Die Rotmil-Hasel-Schnecke**

»Warum«, so rief der Mann sehr laut,
es stimmte ein auch seine Braut,
»sind wir die bösen Arbeitslosen
und leben nicht auf roten Rosen?«

Die Worte hört' ein Fabrikant
und kam sehr schnell zum Amt gerannt,
zum Bürgermeister, rief die Sätze:
»Gib Land! Ich schaffe Arbeitsplätze!«

»Du kriegst sehr gerne, was du willst,
wenn du nur unsre Kasse füllst!«,
sprach Bürgermeister Robert Maien.
»Wir haben gute Ländereien.

Es gibt hier eine kleine Flur
mit einer grünen Hecke nur.
Das dürfte kein Problem bereiten,
weil drinnen nur die Zecken streiten.«

Als das der Nachbar nun erfuhr,
da sprach er weise und recht stur:

»In dieser schützenswerten Hecke,
da wohnt die Rotmil-Hasel-Schnecke!

Sie ist vom Aussterben bedroht,
als Unterart der Unkenrot.
Wir müssen diese Art beschützen.
Vielleicht kann sie uns ja noch nützen!«

Ein großer Wissensstreit begann,
indes die Zeit sehr schnell verrann.
Fast jeder schrieb mit viel Gefasel
Berichte über Rotmil-Hasel.

Es wurde eins so richtig klar,
und das ist schon seit Jahren wahr:
Der Mensch bleibt sehr oft auf der Strecke,
geht's um die Rotmil-Hasel-Schnecke!
- - -
Fast jede Hecke
dient einem Zwecke.

42. Kinder dieser Zeit

Warum nicht kann der Mensch begreifen,
dass eine Evolution
kein Ende ist, nur stetes Reifen.

Der Mensch ist nicht der Schöpfung Kron'.
Wir sind das Zeugnis dieser Zeit,
auch wenn das viele nicht erfreut.

Würd' man den Menschen rückversetzen,
so ca. hunderttausend Jahr,
vielleicht ihn gar nach vorne hetzen,
er käm in keiner Zeit recht klar.
Wir passen nur in diese Zeit,
auch wenn das viele nicht erfreut.

In alten Zeiten, ohne Waffen,
wär'n wir so wehrlos wie ein Fisch.
Es lächelten sogar die Affen
und äßen Menschlein, knackig frisch.
Strohdumm wär'n wir in Zukunftszeit,
auch wenn das viele nicht erfreut.

Wir leben wie in einer Herde
mit einer großen Wissenskraft,
die sprengen kann die ganze Erde.
Zu wenig, dass sie Frieden schafft!
Die Gier hat sich zu schnell befreit,
auch wenn das viele nicht erfreut.

Die Rüstungsindustrieexporte,
sie gehen in die weite Welt,
auch an die vielen bösen Orte,

wo Frieden nur als Fremdwort zählt.
Die eigne Kugel liegt bereit,
auch wenn das viele nicht erfreut.

Die Menschheit hat in ihren Lehren
ein hohes Wissen aufgebaut.
Sie konnte Quantensprünge klären,
hat sich ans Kleinste rangetraut.
Die Tugend wuchs nicht in der Zeit,
auch wenn das viele nicht erfreut.
- - -

Ein Kind in seinem dritten Lebensjahr
passt nicht ins erste, fünfte; ach, wie wahr.

43. Hungersnot

Mariechen lief zum Hasengarten
und sah Karnickel hungernd stehn,
die alle in den Fressnapf starrten,
doch Grünzeug konnte keines sehn.
Der Garten war nun mal zu klein
für all die vielen Fresserlein.

»Ach, Paps«, so greinte das Mariechen,
»was sollen wir denn jetzt nur tun?
Ich sehe all die Tierlein siechen

und kann nun sicherlich nicht ruh'n.
So gib mir endlich einen Rat!
Und danach kommt von mir die Tat.«

Und Paps, der überlegte lange,
was nun zu tun sei für das Vieh.
Und dem Mariechen wurde bange,
es weinend flehte und dann schrie:
»So gib mir endlich einen Rat!«
Da schritt der Vater dann zur Tat.

»Jetzt heißt es mächtig reduzieren,
halbieren den Karnickelstand
und dann die großen Rammler führen
in die Enklave mit Verstand.
Und fehlen Rammler, das ist klar,
wächst niemals die Karnickelschar.

Der Garten kann sich dann erholen
von allzu großer Beutegier,
und dem Verwalter sei's empfohlen,
aufs Gleichgewicht zu achten hier.
Denn wo das Gleichgewicht sich hält,
ist alles bestens aufgestellt.«

»Die Erde krümmt sich oft in Schmerzen!«
So schrieb die Zeitung dunkelrot
und später dann mit halbem Herzen:

»Wie lange dauert's bis zum Tod?
Warum nur sehen wir nicht trist,
dass das dann unser Tod auch ist?«

Mariechen hörte diese Worte,
die Paps beim Lesen von sich gab.
»Gilt das denn auch an jedem Orte?«
Mariechen fragte wie ein Grab.
»Dann hab ich eine Lösung schön.
Hör zu, mein Paps, so könnt' es gehn:

Jetzt heißt es mächtig reduzieren,
halbieren schnell den Menschenstand
und dann die großen Rammler führen
in die Enklave mit Verstand.
Und fehlen Rammler, das ist klar,
wächst niemals mehr die Menschenschar.

Die Erde kann sich dann erholen
von allzu großer Beutegier,
und dem Verwalter sei's empfohlen,
aufs Gleichgewicht zu achten hier.
Denn wo das Gleichgewicht sich hält,
ist alles bestens aufgestellt.«
- - -
Natur hält stets ein Gleichgewicht;
der Mensch zur Zeit es immer bricht.

44. Lebenslauf Hurrikan / *Mensch*

Sonnenstrahlen voller Wärme
hätschelten den Ozean,
bildeten so eine Therme,
und das Leben dann begann.

Liebe war in ihren Herzen,
die die Wärme neu erfand.
Durch den Glanz der Liebeskerzen
neues Leben dann entstand.

Dieses Leben ward geboren
in dem reinen Wasserdunst,
und es wurde auserkoren,
hochgehoben voller Gunst.

Schon in liebeskurzen Zeiten
lag ein Kindlein, nackt und arm,
in des Weltalls kalten Weiten.
Doch die Mutter hielt es warm.

Und das Wasser kondensierte
steigend in der kühlen Luft.
Energie sich generierte,
die dann stets nach Arbeit ruft.

Kindertage schnell vergingen,
und der Jüngling wuchs heran.
Jugend sucht nun das Gelingen,
zeigt sich gerne schon als Mann.

Da die Erde schneller drehte
als die große Wolkenschicht,
eine Riesenwolke wehte
jetzt nach West hin ausgericht.

Trennung von den trauten Orten
brachte nun die Pubertät,
wo mit wohlgewählten Worten
Jugend sich fürs Leben stählt.

An der ländergroßen Scheibe
fassten außen Kräfte an,
drehten sie mit ganzem Leibe
links herum in Kreiselbahn.

Neue Freiheit in der Jugend
zeugte Reibungspunkte oft
mit dem Bösen, mit der Tugend,
drehend zwischen hart und soft.

Dann begann des Sturmes Wirken.
Häuser flogen mit dem Wind.

Tannen, Buchen, Eschen, Birken
knickten ein im Sturm geschwind.

Arbeit formte sich zum Raffen,
zum Zerstören der Natur.
Reichtum wollte jeder schaffen
voller Gier mit Wald und Flur.

Hurri zeigte sich nun schwächer,
hatte seine Kraft verbraucht
bei dem Heben große Dächer,
und er starb recht ausgelaugt.

Als der Reichtum endlich langte,
war die Arbeitskraft verbraucht.
Tödlich nun der Mensch erkrankte,
weil das Raffen doch sehr schlaucht.

Hurrikane sind gefangen
in Gesetzen der Physik,
können Freiheit nicht erlangen.
Das ist Hurrikan-Geschick.

Menschen könnten sich entscheiden
für die Erde, das wär Pflicht,
für das Leben, Böses meiden.
Und – warum nur tun sie's nicht?
- - -

Des Sturmes Energienschwärme
sind eine Funktion der Wärme.

45. Der in sich gefangene Mensch

Nach jedem Weltkrieg glaubten alle,
die Unvernunft sei nun besiegt.
Doch Unvernunft ist eine Falle,
die tief in unserm Herzen liegt.
Die starke Evolution
ist eine stetige Funktion.

Vielleicht in hunderttausend Jahren
spricht man vom Siege der Vernunft.
Bis dahin muss der Mensch erfahren:
Die Liebe lebt in schwacher Zunft.
Der Mensch lernt nicht in kurzer Zeit,
zu tief lenkt die Vergangenheit.

Im Norden, Osten, Süden, Westen,
da rufen Schreier ohne Zahl:
»Regierungsformen sind am besten,
wo einer anführt, ohne Wahl!«
Die Schreier haben nicht erlebt
wie mit dem Krieg die Erde bebt.

Die Schreier würden nur noch lallen,
wenn sie gehört des Krieges Lärm,
gesehen, wie Soldaten fallen
mit wild geschreddertem Gedärm.
Jedoch der Mensch, er lernt wohl nicht
aus dem, was war. Es wäre Pflicht.

Warum nur wollen sie die Kriege,
die vielen Menschen in der Welt?
Für Minderheiten gibt es Siege,
der Rest ganz schnell im Kriege fällt.
Es ist das schwache Selbstvertraun,
das uns zum Führer lässt hinschaun.

Und auf dem schönen Feld der Ehre
– so sagt's der Mensch in seinem Wahn –,
da stehen Panzer und Gewehre
und diese töten Menschen dann.
Atome geben uns den Rest
als Bomben oder Biopest.

Und dann beginnt die große Stille,
da keiner mehr die Ruhe stört.
Vielleicht war es ja Gottes Wille,
weil niemand mehr auf ihn gehört.
Wie schade, dass ich nicht mehr bin,
die Ruhe wär nach meinem Sinn.

\- - -

Der Mensch ist oft in sich gefangen
ganz ohne Mauern, Gitterstangen.

46. Leere Hallen

Warum nur baun wir große Hallen
für Menschen mit dem meisten Geld?
Warum nur müssen die bezahlen,
durch Steuern, denen es doch fehlt?

Dann sitzen dort die Alten, Greisen
und hörn, so gut es geht, Musik.
Es sind die altbekannten Weisen
von Beethoven bis Edvard Grieg.

Getrennt, so sitzen die Parteien,
die Musik dort, das Volk sitzt hier.
Darf man sich nicht zusammen freuen
und nachher trinken noch ein Bier?

Dann wäre sicher auch vorhanden
das junge Volk mit sehr viel Witz.
Doch heut wird alles so verstanden:
Die Jugend zahlt für'n alten Fritz.

Wie war es schön, als Bach noch spielte
im Zimmermannschen Kaffeehaus
und jeder seine Nähe fühlte.
Das ist mit heut'ger Teilung aus.

Der Hallen großes, tiefes Schweigen
erzeugt ein dunkles Todesbild.
Die off'ne Fröhlichkeit im Reigen,
die ist es, die die Säle füllt.
- - -
Das Synonym für Glück
ist oft das Wort Musik.

47. Gesang

Wie war es damals doch so fein,
als wir auf grüner Weide
die Heimatlieder sangen rein
von Freude und vom Leide.

Es fiel von uns des Alltags Frust;
es schlugen froh die Herzen
voll Frohsinn und voll großer Lust.
Das Singen nahm die Schmerzen.

Der Mensch, er atmete befreit,
ließ hinter sich die Sorgen
und war mit Leichtigkeit bereit
zu denken an das Morgen.

Gesänge sind heut fast verstummt,
es herrschen Aggressionen.
Die Seele hat sich fest vermummt,
so will sie sich recht schonen.

Jedoch es wächst versteckt die Angst,
das Auge sieht nur Feinde.
An Einsamkeit du schnell erkrankst
in der IT-Gemeinde.

Die Menschen leben dicht an dicht;
es will nicht mehr gelingen
sich zu befreien nach der Pflicht.
Ein Mittel wär das Singen.

Warum erkennt denn niemand hier,
dass wir ganz falsch jetzt laufen
in Richtung Alkohol und Bier
und Drogen, Komasaufen?

Die gute Psychotherapie
– und das ist doch zum Weinen –

verschreibt nun oft den Psychos hie
Gesang auf Krankenscheinen.

- - -

Singen ist für Sie und Ihn
eine gute Medizin.

48. Die Auserwählten

Ach, könnt' ein jeder sich erkennen
als Tier in Unvollkommenheit,
dann würde er bestimmt nicht rennen
mit Wut zu jedem kleinsten Streit.
Erst das Erkennen gibt die Kraft,
die langsam die Vernunft erschafft.

Warum teilt man die Menschenwesen
in Kaiser, Fürsten, Sklaven ein?
Der eine somit auserlesen,
der andre eingestuft als Schwein.
Gar niemand wurd' von Gott gestellt
an seinen Ort als auserwählt.

Solange Menschen fest dran glauben,
dass es noch Auserwählte gibt,
solange wird der Fürst berauben
den Menschen, der ihn wirklich liebt.

Erst wenn wir nicht nach »oben« schaun,
wächst das Verstehen und Vertraun.

Den Führer kennen noch die Väter,
– im Tierreich ist er anerkannt –,
als Mensch jedoch sehr oft der Täter
zum Vorteil nur der eignen Hand.
Der Mensch spürt in sich Tieres Kraft,
sonst wären Führer abgeschafft.

Wir brauchen nicht die Vorgetrimmten,
von Gottes Gnaden eingesetzt;
wir brauchen nur die Selbstbestimmten,
die niemand durch das Leben hetzt.
Bei uns regiert das Volk das Land
im demokratischen Gewand.
- - -
Der Mensch ist lang noch auf der Reise
so zwischen richtig dumm und weise.

49. (Ver)Führer

Warum nur das Atomgerassel?
Wir kennen doch schon den Schlamassel:
Hiroshima könnt' Beispiel sein.
Zu viele Führeridioten

von Falkland bis zu den Lofoten,
die drohend in die Länder schrei'n:

»Wir müssen diesen Krieg jetzt führen,
sonst kann sich keiner bald mehr rühren!«
So hetzt der Führer voller Stolz.
Doch seine Bürger wollen leben,
den Frieden diesem Erdball geben.
Sie sind aus einem andern Holz.

Es ist ganz sicher bald vonnöten,
dass wir die großen Hetzer töten,
dann könnte endlich Frieden sein.
Doch diese Hoffnung ist sehr vage,
die Welt hat eine Führerplage,
und Führer hassen unser Sein.
- - -
Führer sind die Rührer
von Krieg und Sieg.

50. Der Schuldige

Den Fürsten hört' man sehr laut stöhnen,
er lief zum Arzte seiner Wahl
und wollte ihn sogleich verhöhnen:
»Ich leide eine große Qual.

Ich kann den Finger nicht mehr krümmen.
Du musst den Zeigefinger trimmen!«

Der Arzt beschaute sich den Finger,
er drehte ihn von rechts nach links.
»Das sind ja sonderbare Dinger,
das ist das Zeichen einer Sphinx.
Als Herrscher zeigen Sie auf Knechte
und das gibt Krämpfe in die Rechte.

Die Krämpfe in die Finger ziehen
und die bereiten Ihnen Schmerz.
Sie müssen sich ab jetzt bemühen
zu zeigen auf Ihr eignes Herz.
Wer Empathie kann sich bewahren,
dem wird der Finger nicht erstarren.«

Der Fürst dacht' an die Kindheitstage,
als er sein Pony heftig schlug.
Das trat nach ihm in dieser Lage
und traf ihn mitten vor den Bug.
Da schrie der Vater: »Bös Gerippe!«,
erschlug das Pony mit der Schippe.

So lernten nun die Fürstenkinder:
Der Andre ist an allem Schuld.
Zeig mit dem Finger auf den Sünder,
erschlag ihn voller Ungeduld.

Warum ist so das Menschverhalten?
Wir lernten es von unsern Alten.

Der Arzt sah in des Fürsten Augen
ein Leuchten wie im Fieberwahn.
Sie konnten nicht den Hass aufsaugen,
denn Schuld war ja der Untertan.
Der hatte Anlass ihm gegeben,
stets seinen Finger zu erheben.

Dann traf des Fürsten Hand die Wange
des Arztes, der schräg vor ihm stand.
Er rief sehr laut: »Ich bin nicht bange!«,
und schmiss den Arzt bös an die Wand.
»Du trägst die Schuld, du kannst nicht heilen,
und ich, ich muss im Schmerz verweilen!«

Warum nur schreien schon die Kinder,
wenn mal der Tisch im Wege ist:
»Du böser Tisch, du alter Sünder,
du bist die Schuld, du bist der Mist!«
Die Einsicht in ein Fehlverhalten
ist dünn beim Schalten und beim Walten.
- - -
Einsicht ist eine Tugend
zum Erlernen in der Jugend.

51. Wissenschaft

Als Sokrates die Erd' beschrieben,
da sah er sie als einen Ball.
Es lebten dort die Bösen, Lieben
aus seiner Sicht in einem Tal.
»Ich bin nicht sicher!«, sprach er offen.
Und diese Größe macht betroffen.

Die Wissenschaft darf sich nicht scheuen
vor Fragen, die der Wandel bringt,
sonst sperrt sie sich vor all dem Neuen,
das viel Erkenntnis mit sich bringt.
Der Glaube will das Alte leben
und stets Beständigkeit anstreben.

Vom Irrtum kann man sich befreien,
doch dazu braucht es sehr viel Mut.
Wir müssen uns stets dort einreihen,
wo offen bleibt die Wissensflut.
Wenn wir die Offenheit beschränken,
begrenzen wir auch unser Denken.

Das Wissen darf nicht Glaube werden,
sonst kleben wir im Wissen fest.
Das Fragewort »Warum?« muss erben
und dann besiegen Krankheit, Pest.

Wir stehn zu oft in Platons Höhlen,
wo Schatten als das Ganze zählen.

- - -

Die Wissenschaft, die Wissen schafft,
die gibt's nur mit beschränkter Haft.

52. Roboter und Mensch

Der Robot und der Mensch hienieden
ergänzten sich einst wunderbar;
sie waren beide recht zufrieden
und das schon über dreißig Jahr.
Und wurd' dem Mensch die Last zu schwer,
dann kam sehr schnell der Robot her.

Der Robot und der Mensch, sie werkten
an einem Auto Hand in Hand.
Die Menschen sich dabei oft stärkten,
dem Robot war das unbekannt.
Für Dauerarbeit, das war klar,
der Robot zu gebrauchen war.

Die Arbeit wurde stets exakter,
der Robot glänzte durch die Tat,
bekam fast menschlichen Charakter
und brauchte kaum noch einen Rat.
Das ganze Wissen dieser Welt
mit 0 und 1 wurd' dargestellt.

Der Robot lernte Auto fahren,
die Regeln noch von Menschenhand.
Jedoch nach ein paar Lehrlingsjahren
erwachte langsam der Verstand.
Das große Wissen, streng gepaart
mit Wertung, zeugt die neue Art.

Der Robot konnte schwach schon denken.
Erkennen heißt die Funktion,
die ihn das Steuer nun ließ lenken.
Die Logik winkte jetzt als Lohn.
Beziehung und der Denkinhalt
vermehrten sich im Wissenswald.

Das Urteil, Meinen und das Schließen
ersetzten Zeichen mit System.
Und bald konnt' Robot fein genießen
Bewusstsein, Empathie extrem.
Des Robots Hirn schwoll mächtig an
und zeugte einen Supermann.

Dies Wissen sollte sich vermehren,
das Hirn erweitern wie noch nie.
Und wer wollt' Robot das verwehren?
Er trug in sich doch die KI.
Ja, die KI wächst ungehemmt,
kein Schädelknochen sie einklemmt.

Exkurs

Entwicklung braucht sehr oft viel Zeit,
bevor das Neue sich befreit.
Im Millionen-Jahres-Spiel
den Menschen Jagen gut gefiel.
In Landwirtschaft und Siedlungsbau,
da gab's die Tausend-Jahre-Show.

Die Industrie braucht' Hunderte,
was Mensch und Fachwelt wunderte.
Die Digitalisierungswelt
in Zehner-Jahren sich erstellt'.
Und ahnend fragt sich das Genie:
Wie lange braucht wohl die KI?

Exkurs Ende

Ein Robot wird bald so erschaffen,
dass er den Schaffer übertrifft
und klüger ist als alle Affen
und Meister nun in Wort und Schrift.
»Warum?«, fragt dann der Mensch mit Spott.
»Bin ich vielleicht so klug wie Gott?«

Da Robot Ethik nie gesehen
beim Mensch' – der einfach isst das Vieh –,
wird er für sich auch nur verstehen:
Ein Mensch ist reine Energie!

Drum brät er ihn sehr cross und fein
und isst ihn für das eigne Sein.

- - -

Sieht der Robot rot,
ist der Mensch bald tot.

53. Die Besserhaber

»Mein Kind, du sollst es besser haben,
als es mir jemals war vergönnt!«
So sprachen einst die alten Knaben.
Denn deren Welt war nur verschönt
im Geiste, um sich dran zu laben.

»Doch dazu musst du immer schaffen,
musst kämpfen um das Lebensglück,
wenn's sein muss auch mit leichten Waffen.
Die Zeit läuft niemals mehr zurück.
So kämpf dich durch, ganz ohne raffen!«

Die schiere Gier und Raffverhalten
sind Brüder in der Egowelt.
Es duldeten sie stets die Alten,
da sie der Hunger noch gequält
und oft sie mit dem Leben zahlten.

Doch heute gibt es Festgestalter
für jede Kinderparty schon.
Sie sind die großen Protzverwalter
fürs Töchterchen und für den Sohn.
Im Grunde sind's Gesellschaftspalter.

Die Besserhaber lernten nehmen
von allem, was das Herz begehrt.
Sie konnten sich noch niemals schämen,
kein Pauker hatte es gelehrt.
Die Alten mussten sich nun grämen.

Die Jungen nahmen, nahmen, nahmen
von jedem, auch im fremden Land,
sie führten Krieg und riefen: »Amen!«,
beriefen sich auf den Verstand.
Die Alten setzten diesen Rahmen!

- - -

Die Erziehung der Alten
prägt des Kindes Verhalten.

54. Die Friedensbohnen

Wer Bohnen schenkt mit frischem Herzen,
der trägt den Frieden in die Welt,
weil er der großen Kriege Schmerzen

durch das Geschenkte ferne hält.
Die Bohnen sind der Menschheit Glück,
sie lenken freundlich das Geschick.

Denn schenkt man schöne Stangenbohnen,
kehrt Freude beim Beschenkten ein.
Warum? Es wird die Liebe wohnen,
wo Liebe herrscht, ist Sonnenschein.
Erfüllt der Sonnenschein das Herz,
dann ist kein Platz für Hass und Schmerz.

Drum schenket Bohnen, Bohnen, Bohnen,
dann wird die Welt von Fried' erfüllt.
Vergessen sind dann Todesdrohnen,
Macheten, Schwerter und das Schild.
Die Seele schwingt sich auf befreit,
besiegt sind Hass und Krieges Leid!
- - -
Geschenkte Bohnen schaffen
den Frieden ohne Waffen.

55. Die Hetzer

»Schlag ihn in die Fresse!«,
brüllte laut der Hesse.
»Tritt ihn in die Eier!«,

rief darauf der Bayer.
»Schieß ihn in die Haxe!«,
züngelte der Sachse.
»Du steckst voller Fehler!«,
schrie der NRW-ler.

»Du bist kein Oranier,
du verdreckter Spanier!«
Und darauf der Finne:
»Ja, ich glaub, ich spinne.
Leget doch die Letten
einfach fest in Ketten.
Und die vielen Polen
sollte man versohlen …«

Weiter ging das Schreien
über die Parteien
hin zu den Gewählten,
die die Wähler quälten.
Und auch Polizisten
standen auf den Listen.
Selbst der hehre Glaube
kriegt' was auf die Haube.

»O, ihr alten Sünder!«,
riefen da die Kinder.
»Ja, warum, ihr Lieben,

hat man uns vertrieben
von den grünen Wiesen,
Tierweltparadiesen,
wo man selten streitet,
nur, wenn Hunger leitet?«

Weise sprach die Ralle:
»Habt ihr sie noch alle?
Ihr wollt immer streiten
auf des Erdballs Weiten.
So ein laut Gekeife
zeugt von wenig Reife.
Menschen, eure Krise
nahm das Paradiese!«
- - -

Denkt stets, dass beim Hetzen
Menschen wir verletzen.

56. Der physikalische Mond

Es klang: »Der Mond ist aufgegangen ...«
einst von Matthias Claudius.
Und alle Herzen warn gefangen
von dem Empfindungsüberfluss.

Des Mondes Licht drang in uns ein
mit seinem liebevollen Schein.

Vor erdgeschichtlich langen Zeiten,
da war der Mond ein Feuerball,
der unsre Erde musst begleiten,
vielleicht gar mehrfach an der Zahl.
Was einst als Überfluss erschien,
war zwingend, dass ich heute bin.

Der Mond, er führte diese Erde,
als taumelnd sie geboren war
und gab der Achse – ohn' Beschwerde –
die Richtung vor fürs ganze Jahr.
Die Jahreszeiten führt' er ein.
Das war fürs Leben Sonnenschein.

Des Mondes Dasein zeugte Kräfte,
sie zogen stets das Wasser an
und gaben wieder frei die Säfte.
Das führte zu Gezeiten dann.
Das nun vorhand'ne Wattenmeer
gab sehr viel für das Leben her.

Das Leben in dem tiefen Wasser
bekam die Chance für das Land,
weil nirgendwo und nirgends krasser
sich Wasser mit dem Land verband.

Der Mond ist für uns väterlich,
ohn' ihn gäb's weder dich noch mich.

Nach so viel menschlichem Verhalten
entfleucht der Mond, das ist jetzt klar,
vier Zentimeter, die uns spalten,
und das auf immer, Jahr für Jahr.
Und irgendwann sind wir allein.
Das Chaos zieht dann wieder ein.

Warum geschehen diese Dinge
in, ach, so großer Langsamkeit?
Damit das Leben auch gelinge
nach einer langen, langen Zeit?
Den Anfang durfte ich nicht sehn.
Weit vor dem Ende muss ich gehn.
- - -
Wir kleine Sünder
sind Mondes Kinder.

57. Der poetische Mond

Des Mondes Licht, nach vielen Meilen,
erreicht ein Kind, muss nun verweilen
bei diesem Anblick voller Huld.
Die kleinen Finger wollen spielen

mit Mondes Licht und mit Gefühlen
und üben das mit viel Geduld.

Warum nur fasst ein Kind Vertrauen
zu Mondes Licht auf dunklen Auen,
wo doch die schwarze Nacht anbricht?
Es kennt noch nicht der Menschen Leiden
und sieht die Welt mit vielen Freuden,
bevor der große Krieg ausbricht.

Des Mondes Licht durchstrahlt die Haine,
webt Liebesfäden in dem Scheine,
umschmeichelt Liebende sehr dicht.
Die Liebe lässt das Böse schwinden
und möcht' von Reinheit, Treue künden,
denn reine Liebe, das ist Licht.

Nach dem »Warum?« sollt' man nicht fragen,
das gibt es nicht in Liebestagen,
denn echte Liebe ist sehr groß.
Sie überdeckt die kleinen Sünden
und kann im Schlechten Gutes finden:
ein Königsleben auf dem Schloss.

Des Mondes Licht trifft auch die Kranken,
die zwischen Zweifel, Hoffnung schwanken
und schon das Leid des Todes sehn.
Die Leuchtkraft in des Mondes Strahle,

die Finsternis im tiefen Tale
sind Spannungsfelder im Entstehn.

Der Zweifel nagt nun an den Herzen,
erzeugt die Angst, erweckt die Schmerzen
und zeigt die Endlichkeit der Zeit.
Dann schwindet nach und nach das Sehen.
Es ist nun Zeit, der Mensch muss gehen
hinein in stille Ewigkeit.
- - -
Der Mond sieht das Entstehen
und stets auch das Vergehen.

58. Der Schluckauf

Die Sonne krümmte sich im Schmerz.
Sie hatte Schatten auf der Lunge
und einen Schluckauf bis ins Herz
und großes Brennen auf der Zunge.
Sie spuckte sehr viel Strahlung aus
und sehr viel Plasma, welch ein Graus:
ein richtig böser Junge.

Die Menschen tanzten noch mit Freud';
die Zukunft lag in weiter Ferne.
Sie sahen nicht das große Leid,

das unterwegs vom nächsten Sterne
zu ihnen kam in großer Wut,
mit Strahlen- und der Plasmaflut:
ein Schrecken der Moderne.

Die Strahlung rast jetzt hin zur Erd'
und braucht dazu gut acht Minuten.
Das erste Teilchen uns beehrt
nach stundenlangem Rennen, Sputen.
Nach Tagen trifft die Masse ein.
Was hier geschieht, ist gar nicht fein.
Der Erde Haut muss bluten.

Das GPS verlässt uns schnell
und der Verkehr bricht rasch zusammen.
Dann leuchten Leitungen sehr hell,
die Induktion lässt sie aufflammen.
Die technisierte Industrie
mit viel IT geht in die Knie.
Das Chaos kriegt jetzt Namen.

Die Welt ist nun ein Irrenhaus
mit vielen tausenden von Toten.
Die Energie fällt plötzlich aus.
Das könnt' man heute schon ausloten.
Die Politik bekommt Kritik.

Warum hat sie denn keinen Blick
für diese Himmelsboten?

Wir streiten uns um Kaisers Bart
und ziehn den Kopf stets aus der Schlinge,
wenn das Vorhersehbare hart
uns trifft mit Messers scharfer Klinge.
Wir ruhen fröhlich in der Zeit,
auch wenn dabei die Zukunft schreit.
Wir sehn nur unsre Dinge.
- - -
Der Schluckauf lässt sich nicht vermeiden,
jedoch durch Vorwarnung das Leiden.

59. Der Joseph-Cent

Warum gab Joseph seinem Sohn,
vor rund 2020 Jahren,
für die Geburt nicht einen Lohn
von einem Cent zum Aufbewahren?
Bei 4 Prozent als Zinssatzzahl
wär das Ergebnis erste Wahl.

Das wär nach Adam Riese dann,
mit Zins und Zinseszinsen fleißig,
nach diesem wirklich guten Plan

knapp 3 mal 10 hoch 32
an Euro – ohne Vorstell'kraft! –,
in Gold man das viel besser schafft.

1 Kilo bringt in etwa knapp
so ca. 38.000,--
an Euro. Ja, das ist nicht schlapp!
Da ist man wirklich nicht aufbrausend.
Das oben angeführte Geld
ergibt viel Gold in dieser Welt.

Die Erde wiegt im Kilo-Test
knapp 6 mal 10 hoch 24.
Und das haut um, gibt uns den Rest,
beim Denken wird das Hirn fast ranzig.
Wenn du nun überprüfst den Sold,
gibt's gute 1.000 Erden Gold.

Du sagst dir nun: »Das kann nicht sein
mit diesen tausend güldnen Erden!«
Dann bist du sicher nicht allein,
denn das kann so ja wohl nicht werden.
Doch ein's erkennst du gut genug:
Finanzenwesen ist Betrug!

Und wär der Zinssatz 5, ganz hold,
dann gäb es 300 Milliarden
der Erden aus dem schönen Gold.

So sagen es die Rechenbarden.
Wenn du nun fragst: »Wie soll das gehn?«
Dann frag die Banker, bitteschön.

- - -

Der nächste Crash, du kannst drauf Prosten,
geht wieder mal auf deine Kosten!

60. **Bananenweisheiten** oder **Normen**

»Warum ist die Banane krumm?«
So fragt das Kind vermeintlich dumm.
Doch Kinder sind sehr klug, gescheit,
sie denken offen und befreit
und leben nicht mit Denker-Fesseln
in weichen Bürokratensesseln.

Die Bürokraten geben vor,
gemeinsam wie in einem Chor:
Bananen müssen länger sein
als vierzehn Zentimeterlein.
Der Kunde muss darunter leiden;
er ist zu dumm für das Entscheiden.

Die Durchbiegung war lange Zeit
der Gurken allerschönstes Kleid.
Damit die Gurke wächst in Norm,

wird sie gezüchtet in die Form.
Auch Kinder müssen wir erziehen,
damit sie in der Norm erblühen.

Wer seine Kinder wirklich liebt,
sich in der Bildung Mühe gibt.
Das Vorbild ist die größte Tat,
die Bildung hier zu bieten hat.
Die Schule – ohne hier zu hetzen –
kann nie das Vorbild je ersetzen.

Warum nur gibt es keine Norm,
die unsre Ethik bringt in Form?
Warum nur muss ein Kind das Graun
des Tötens in den Medien schaun?
Ein jeder Tag bringt Mordgewimmer
hinein in jedes Kinderzimmer.

Ach, ja, der Mord, das macht Verdruss,
hat nirgends einen Radius,
den man als Norm vorgeben kann.
Uns zieht die Dummheit in den Bann!
Und die Politiker, die laschen,
sieht man die Händ' in Unschuld waschen.

In irgendeinem Jüngling reift
die Tat, weil er so nichts begreift
von Ethik und der Empathie.

Warum? Er lernte es ja nie.
Und bald schrei'n Euro-Normer dumm,
die nichts gelernt: »Warum?! Warum?!«

- - -

Das Wissen um Bananen
lässt falsches Tun erahnen.

- - -

Probleme unsrer Zeit
sind Fehler der Vergangenheit.

61. Blasmusiker/innen

Der Musiker schaut auf das Blatt,
das viele hundert Noten hat;
ihm wird dabei nicht bang.
Er sieht sich nun den Schlüssel an;
die Tonart liegt gleich nebenan.
Den Takt zu sehn ist Zwang.

Jetzt schaut er zu den Noten hin,
sie zu erkennen ist der Sinn,
Bezeichnung ist gefragt.
Wird sie noch durch ein Kreuz erhöht?
Ist es ein b, das vor ihr steht?
Er klärt es unverzagt.

Wie lang ist sie nun in der Zeit?
Wird sie durch Pausen noch befreit?
Gibt's den Triolenwert?
Die Stärke wird kurz angeschaut,
damit der Ton wird nicht zu laut,
was an den Nerven zehrt.

Ist hier der Ton vielleicht zu fein?
Liegt im Crescendo wohl das Sein?
Macht ein Sforzato froh?
Wie schnell wird nun der Ton gespielt?
Ist er sehr langsam, aufgewühlt?
Ist's ein Prestissimo?

Und diese ganze Wissensflut
im Kopfe nun des Bläsers ruht,
der formt jetzt die Frequenz.
Die Lippen nehmen Formen an,
die dieser Ton gebrauchen kann
wie Blumen früh im Lenz.

Die Feinmotorik fordert nun
die Fortbewegung und das Ruh'n
der Finger, schnell und oft.
Der Finger über Klappen rast,
Ventile drückt in großer Hast,
mal hart und dann auch soft.

Und aus dem Instrument erklingt
ein Ton, der wundervoll gelingt,
da das Gefühl ihn zeugt.
Es jubiliert und klingt das Herz,
die Seele schwingt sich himmelwärts;
die Muse sich verbeugt.

Und dieses schön vernetzte Tun,
das lässt den Musiker nicht ruh'n
in der Sekundenzeit.
Oft achtmal oder gar noch mehr
liest er sekündlich Noten her,
weil es das Herz befreit.

So schnell denkt nur der Musikus.
Mit Freude und voll Hochgenuss
erklingt ein schöner Ton.
Warum denkt nicht ein jeder so
und macht damit die Menschheit froh,
den Kritikern zum Hohn?!
- - -
Der Großmaul-Führer bringt den Schmerz.
Der Musiker befreit das Herz.

62. **Die Gedanken sind frei**

Das Lied der Freiheit der Gedanken
erklingt schon lange voller Mut.
Setzt ein Despot auch geist'ge Schranken,
sie löschen nicht der Freiheit Glut.

Kein Mensch kann die Gedanken sehen,
die unser Hirn hervorgebracht.
Sie sind geschützt schon beim Entstehen
und blühen dann in voller Pracht.

Selbst hinter allerdicksten Mauern,
dort, wo verstummt des Adlers Schrei
und Folterfesseln auf dich lauern,
sind die Gedanken immer frei.

»Warum«, so fragt sich nun der Stumme,
»kann niemand meine Worte sehn,
die ich im Hirne leise summe?
Wie wäre das so wunderschön.

Ich bin gefangen hier in Welten,
die keiner von euch je versteht,
weil hier ganz andre Regeln gelten,
die eure Welt sofort verweht.«

Da kommt die Wissenschaft gegangen:
»Wir scannen die Gedanken ein,
dann können sie zu uns gelangen,
akustisch und auch optisch rein.«

Die einen hört man lauthals schreien:
»Dann sind wir gläsern in der Welt!«
Die andern stumm: »Ihr müsst befreien
die Stummen, die die Stille quält.«

Und du – ich stör dich gern beim Lesen –,
du denkst, dann bin ich lange tot,
bevor das alles ist gewesen
mit Scannen und dem andern Schrott.

Und fragst du nun voll Wissbegierde:
»Woher kennt er mein Wissensgut?«
Dann sag ich dir ganz ohne Zierde:
»Das Wissen in dir selbst doch ruht!

Und dieses Buch, das ist ein Scanner,
es ist der allerletzte Schrei.
Es scannt dein Hirn, du alter Penner,
denn die Gedanken, die sind frei!«
- - -
Gedanken, die du angereichert,
hat Facebook längst schon abgespeichert.

63. **Frösche**

Frau Froschlurch legte einst den Laich
in einem tiefen Brunnen ab.
Sie dachte wohl, es sei ein Teich,
doch eher war es schon ein Grab.

»Warum nur«, quakte Vater Lurch,
»legst du die Eier in den Schacht?
Ich brech mir beide Beine durch
und das schon sicher um halb acht.«

Froschvater sprang dann hinterher,
befruchtete den Laich sehr fein.
Und als der Körper samenleer,
sprang er zurück zum Wiesenrain.

Es wuchs der Embryo heran
zu einer Kaulquappe sehr schnell,
bevor des Frosches Sein begann
mit Brunnenleben: dunkel, hell.

Das Helle war das Göttliche,
weil Nahrung in das Auge fiel,
das Dunkle das Entsetzliche,
vom Hellen klar das Gegenspiel.

Im Hellen war ein Stimmenklang.
Es klang so herrlich klar und rein
von Liebe und vom Schöpfungsgang.
Das mussten dann wohl Götter sein.

In dieser engen Brunnenwelt
lag nun des Fröschleins Lebensglück.
Es war zufrieden. Das nur zählt.
Dann kam das große Missgeschick.

Es nahte schnell die Regenfront
mit Blitzen und mit Donnerhall.
Wo eben sich das Reh gesonnt,
gab's nun den großen Wasserschwall.

Das Wasser rauschte aufgewühlt
und gurgelte am Brunnenrand.
Der Frosch, er wurde hochgespült
und schwamm aufs weite, weite Land.

Er schwamm zu einem Menschen schnell,
den er ja hielt für einen Gott,
und bat um Hilfe quakend grell.
Der rief: »Igitt!«, und schlug ihn tot.
- - -
Auch viele Götter sind
für Nächstenliebe blind.

64. **Trilogie**

»Hei, Karl, trink dir 'nen schönen Wein!«
Die Seele rief's aus tiefem Grund.
Und der Verstand: »Das darf nicht sein,
denn Alkohol ist ungesund.«
Und stets, wenn zwei sich stritten,
erfreute es den Dritten.

Doch wer soll hier der Dritte sein?
Selbst Goethe hatte Frust.
Er sprach von zwei der Seelen fein,
die kämpfen in der Brust.
»Vielleicht kann man es testen«,
rief Karl, »das ist am besten.«

Karl holte nun ein großes Glas
und schenkte sich dann sachlich ein
den besten Wein aus einem Fass
und stellt' ihn in den Sonnenschein.
Der Wein konnt' dekantieren
und Freude generieren.

Die linke Hand griff freudig zu;
die rechte schob das Glas zurück;
die linke gab noch keine Ruh':
ein Spannungsfeld von Frust und Glück.

Karl sprach: »Das sind ja Sachen
zum Weinen und zum Lachen.«

Dann schaute Karl ins Spiegelglas
und sah die Falten auf der Stirn.
Es waren drei, das war doch krass.
»Dreifaltigkeit!«, rief sein Gehirn.
»Das wäre zu vermessen«,
sprach Karl, »wir drei gehn essen!«

Als Karl dann schnell am Tische saß,
bei Fisch und einem trock'nen Wein,
da fragt' er sich: »Warum so krass
muss unser Menschenleben sein?
Warum reicht nicht das Streiten
mit all den fremden Leuten?«

Damit nun Frieden kam ins Haus,
in diesem Trio-Streiterbund,
gab Karl sich einen Schnaps noch aus
und goss ihn freudig in den Schlund.
Gehirn und die Gefühle
plus Karl warn jetzt am Ziele.
- - -
Drei Falten, die uns lenken,
die fordern auf zum Denken.

65. **Die gute alte Zeit**

Viele Babys schrei'n nach Essen.
Mutti ist zur Arbeit fort.
Vati hat es ganz vergessen,
lebt schon lang am andern Ort.
Schließlich liebt er viele Frauen.
Soll das Kind auf Mama bauen.

Schreiend laufen kleine Kinder,
schlagen aufeinander ein,
schimpfen wie die großen Sünder,
treten sich vors Schienbein fein.
Doch dann tollen sie auch wieder,
spielen Fangen unterm Flieder.

Ein sehr kleiner Teil der Jugend
stellt als Hooligan sich vor,
findet Kiffen eine Tugend,
schießt sich selbst ein Eigentor,
schimpft auf dieses Weltgetümmel,
zeigt sich oft dabei als Lümmel.

Raffend läuft das Mittelalter
durch das Leben ohne Ruh',
sieht sich stets als den Gestalter
dieser Erde immerzu,

liebt die Wirtschaftswachstumswelten,
lässt das Kapital nur gelten.

Müde schauen schon die Alten,
sparen für das Totenhemd,
wollen golden es gestalten,
denn die Armut ja beschämt.
Und was nützt es diesen Reichen,
deren Knochen bald schon bleichen?

Und die schreienden Despoten,
die stets zerren an der Welt,
also all die Idioten,
die schon heut ihr Schatten quält,
sind in zwanzig Jahr'n vergessen.
Das »Warum?« hat sie gefressen.

Dieses, ach, so tolle Leben
ist die gute alte Zeit,
wenn wir zwanzig Jahr vorgeben
und dann rückwärts blicken weit.
Mensch, bedenke stets beim Streiten,
heute sind die guten Zeiten!
- - -
Immer bei dem Blick zurück
zeigt erhöht sich nur das Glück.

66. **Tierfreunde**

Freund Paul besaß den schönsten Rasen,
er war Pauls allergrößte Zier.
Hier durfte nur der Mäher grasen,
kein Schaf, kein Rind, kein andres Tier.
Doch böse Mächte wirkten wacker.
Aus grünem Rasen wurde Acker.

Es nützten keine Knoblauchzehen,
der Maulwurf stellte sich sehr stur.
Ihn störte nicht des Knoblauchs Wehen;
er war ein Tier mit Abitur.
Egal was Paul auch trickreich machte,
der Abiturient still lachte.

Da wurde Paul doch sehr verdrossen,
er nahm sein Wühlmausschussgerät.
»Ab heute wird zurückgeschossen!«,
so sprach Paul klar und aufgebläht.
Die Nachbarin, mit Hund-Eskorte:
»Das sind gar harte, böse Worte!

Du darfst den Maulwurf nicht verjagen,
der Maulwurf ist naturgeschützt,
sonst muss ich leider dich verklagen,
weil töten ja wohl dir nur nützt.

Ich kenne dich und deine Nöten,
als Tierfreund darf man niemals töten.«

Das waren wirklich harte Worte,
die Paul betrübt entgegennahm.
Die Nachbarin war von der Sorte:
Greif an in fröhlich frechem Wahn.
Doch Paulus wollte überzeugen,
sie sollte sich der Wahrheit beugen.

»Der Maulwurf frisst in einem Jahre
so an die 20 Kilo gut
an Würmern. Das raubt mir die Haare!
Mir fehlt dann ja die Lüftungsflut,
die Würmer für den Rasen leisten,
ob schlanke oder auch die feisten.

Mein liebes, liebes Nachbar-Sündchen,
ich weiß, dass du die Tiere liebst
und deinem 15-Kilo-Hündchen
an Pflege, Futter alles gibst.«
So schleimte Paul in Nachbarliebe.
Doch dann bekam sie ihre Hiebe.

»Dein Hündchen braucht an jedem Tage
so an die 150 Gramm
vom besten Fleisch aus jener Lage,
das er so liebt von Has' und Lamm.

Und wenn wir ihm 12 Jahre geben,
dann frisst er viel in seinem Leben.

Wiegt 100 Gramm der Maulwurf – wenig! –,
dann rechne es dir selber aus,
du brauchst jetzt 7.000 – schäm dich! –,
an Maulis für den Hund – ein Graus!
Wer darf sich hier wohl Tierfreund nennen?
Warum willst du das nicht erkennen?«

Da lief sehr schnell die Nachbarsonne
nach Haus und holte einen Stift.
Sie schrieb dann mit gebremster Wonne:
Viel Fleisch zu füttern, das ist Gift!
Ich mein es ernst, ihr lieben Leute,
ich werd' Veganer schon ab heute.
- - -
Wer Tiere liebt, so recht bewusst,
hält Tiere ohne Fleischeslust.

67. Sinn oder Unsinn des Erkennens

Warum fehlt die Zufriedenheit,
wenn wir beim Tun den Sinn nicht kennen?
Egal, ob Freude oder Leid,

wir wollen einen Grund benennen,
der uns befreit.

Warum nur brauchen wir fürs Sein
den Sinn, wenn wir uns hier erfreuen?
Reicht nicht das Leben schon allein,
um hier beim Sein nichts zu bereuen?
Auch nicht beim Wein?

Warum erfreut sich wohl ein Hund,
wenn er so tollt durch Wälder, Auen?
Es ist bestimmt der eine Grund:
Erkennen schafft nicht das Vertrauen
ins Erdenrund.

Warum genießen wir nicht nur
und freuen uns am schönen Leben?
Denn der Verstand ist etwas stur.
Die Empathie kann Freude geben,
rein in D-Dur.

- - -

Erkenntnis bremst die Freude aus.
Das zu erkennen ist ein Graus.

68. Der müllige Zwiespalt

Franz wanderte in seinem Städtchen.
Er sah sehr viele schöne Mädchen
und aß dabei sein Butterbrot.
Doch plötzlich kam er aus dem Lot.

Er stolperte durch sehr viel Mülle,
die fast schon stank wie richt'ge Gülle,
als er dann eine Ratte sah.
Sie kam ihm schon verdächtig nah.

»Warum nur schmeißt der Mensch von heute
den Müll so weg wie viele Leute?!«,
schrie Franz erbost und wutentbrannt.
Dann kam die Ratte angerannt.

Franz schmiss sein Brot, das er noch hatte,
jetzt ganz gezielt fest auf die Ratte
und ging dann böse schimpfend fort.
Das Brot lag jetzt am Mülleort.

Ein Kind sah das und rief erschrocken:
»Warum schmeißt er des Brotes Brocken
so einfach auf die Straße hin?
Der Müll, der macht dort keinen Sinn.«

Da sprach der Vater sehr entschlossen:
»Mein Kind, ich seh, du bist verdrossen,
weil ja der Mensch ganz anders denkt,
als er selbst handelt und auch lenkt.

Wir haben wunderbare Tonnen,
wo wir den Müll dann ganz besonnen
entsorgen können. Das macht Sinn.«
Und dann warf er die Kippe hin.
- - -
Denken und Tun
sollt' in sich ruh'n.

69. Die Wunderpille

Sie hatten viel dafür getan,
viel Geld in Forschung investiert
fürs Krebsmittel Kleptomagan,
wonach die ganze Welt gegiert.

Jetzt kam es endlich auf den Markt,
das Wundermittel voller Glut.
Selbst gegen drohenden Infarkt
war die Arznei so richtig gut.

Die Medizin wurd' ausgepreist
vom Pharmariesen »Helft der Welt«,
ins Internet dann eingespeist,
bei YouTube fachlich vorgestellt.

Die Aktien schossen in die Höh'
durch dieses Medizinprodukt.
Es war am Markt die Wunderfee,
in jeder Zeitung ausgedruckt.

Dann sprach der hohe Wirtschaftsrat:
»Wir sind als teuer ja bekannt.
Die Produktion wird in der Tat
verlagert in ein Billigland.«

Da die Kontrolle abgeschafft
in diesem fremden Billigland,
erwuchs dort auch die böse Kraft,
die schnell ein Imitat erfand.

Es freuten sich der Handelsmann
und selbstverständlich auch der Tod:
der Handelsmann, der Gold gewann,
der Tod für überschüssig Brot.

»Warum«, so fragte Politik,
»hat hier die Pharmazie versagt?

Sie hatte alles doch im Blick.
Sie wird von uns wohl angeklagt.«

»Mit aller Härte durchs Gesetz
wird dieses Tun von uns bestraft!«,
so rief die Politik ins Netz.
Die Strafe war längst abgeschafft.

Und dann Politiker sehr fein:
»In aller Unschuld waschen wir
uns unsre Hände wirklich rein.«
Pilatus war schon Vorbild hier!

Und wer nun gläubig denkt, naiv:
Das ist ein Pharmazeutentraum.
Der weiß, die Geister, die ich rief,
gibt's auch im Lebensmittelraum.
- - -
Politiker sind keimfrei hier.
Die Unschuld-Waschung sorgt dafür.

70. Das vorstellbare Sonnensystem

Grauen fasst der Menschen Seele,
wenn sie in den Weltraum schaut.
Diese Größe schnürt die Kehle.

Sie ist nicht dem Hirn vertraut.
Diese großen Weiten
mit den Wahnsinns-Zeiten
sind für Menschen nicht gebaut.

Doch wir können sie erfassen,
wenn wir sie im Maßstab sehn.
Dann sind sie wie große Straßen,
die im Autoatlas stehn:
Größen, die wir kennen,
deren Maß wir nennen,
fest mit Einheiten sehr schön.

Wär der Durchmesser der Sonne
circa einen Meter groß,
lebten wir, o welche Wonne,
auf 'nem Kügelchen gar bloß.
Einen Zentimeter
wär der Erdvertreter.
Das zwingt uns vom hohen Ross.

Auch des goldnen Mondes Größe
ist sehr klein dann festgelegt.
Zweieinhalb, ganz ohne Blöße,
Millimeter sie beträgt.
Und ein viertel Meter

ist der Schwerenöter
hin zur Erde angelegt.

Die Entfernung Sonne Erde
wird in diesem Längentraum
hundert Meter. Ohn' Beschwerde
sieht die Sonne uns wohl kaum.
Und der kleine Pluto
kreist ganz ohne Mut so
Kilometer vier im Raum.

Und das kleine Menschenwesen
wird in diesem Schrumpfmodell
als ein Molekül gelesen.
Niemand sieht jetzt mehr sein Fell.
Überheblichkeiten
gibt's nicht in den Weiten,
denn wir strahlen hier nicht hell.

Ja, warum nur sind wir Streiter
hier in diesem Erdental?
Ja, warum nicht einfach heiter
ohne unnötige Qual?
Könnten wir's begreifen
wie die Dinge reifen!
Haben wir so eine Wahl?
- - -

Wie oft muss man das Haar wohl spalten,
um Menschengröße zu erhalten?

71. **Das Kätzchen** oder **Die Prägung**

Leise klang es, das Gewimmer,
doch es wurde immer schlimmer:
Lea fühlte sich allein,
wünschte sich ein Kätzelein.

Als die Eltern diese Schmerzen
sahen in des Kindes Herzen,
waren sie zutiefst gerührt,
was zu dem Geschenk dann führt.

»Weine nicht, mein kleines Mädchen«,
sprach der Vater, »hier im Städtchen
gibt's ein Tierheim, wunderschön.
Lass uns dort nach Kätzchen sehn.«

So bekam das Kind ein Kätzchen
und ein wunderschönes Plätzchen
für das Katzenkörbelein.
Alles nur fürs Glücklichsein!

Doch beim Spielen in der Treppe
lief das Kätzchen wie ein Deppe,

fiel dabei ganz einfach um.
War das Kätzchen etwa dumm?

»Und warum nur fällt das Mieschen
selten auf die eignen Füßchen,
wenn es auf der Treppe springt?«,
fragte Lea ungeschminkt.

»Dieses Mieschen war gefangen
zwischen vielen Eisenstangen.
Diese standen senkrecht hin«,
sprach der Vater mit viel Sinn.

»Sieht ein Kätzchen in der Kindheit
Senkrechtstriche, wächst die Blindheit
für das waagerechte Sein,
und das wirkt dann recht gemein.

Nur in dieser Lebensphase
öffnet sich die Prägungsblase,
kehrt dann nimmermehr zurück.
Falsche Prägung ist kein Glück!«

Lea fragte jetzt sehr weise:
»Wie ist's mit der Prägungsreise,
die uns Menschen nun betrifft?
Wird da auch etwas umschifft?

Menschen, die nie Lieb' erfahren
in den Kinderprägungsjahren,
werden sie zum Terrorist'?
Prägung unumkehrbar ist!«

Vater schaute nun betroffen,
solch Erkenntnis und so offen:
»Sollte es vielleicht so sein,
setzt Kritik bei Eltern ein.

Doch bisher ist viel verschwommen.
Um Erkenntnis zu bekommen,
ist die Wissenschaft gefragt,
Forschungsklarheit angesagt!«

Während Vater noch leicht murrte,
freundlich schon das Kätzchen schnurrte,
war geprägt von Empathie.
Terrorist wird es wohl nie.

- - -

Ein übler, dummer Terrorist
ist stets geprägt durch sehr viel Mist.

72. Das Universum in Zahlen

»Paps, kannst du uns mal erklären,
wie das Universum tickt?
Diese Mengen, diese Leeren,
der Verstand davor erschrickt«,
sagte Lea bittend leis.

»Nun, mein Kind, ich will versuchen,
hier im Beispiel klar zu sein.
Doch du darfst mich nicht verfluchen,
wenn's mir nicht gelingt ganz rein.
Dazu ist das All zu groß.

Schau, die vielen schönen Sterne,
sie sind unsrer Sonne gleich,
strahlen in das All gar gerne,
machen unsre Herzen reich.
Sterne gibt's in großer Zahl.

Hundert Milliarden Sonnen
hat allein die Galaxie,
wo wir täglich hier drin wohnen.
Milchstraße nenn einfach sie.
Jede Sonne ist ein Stern!

Eine Eins mit elf an Nullen,
unvorstellbar ist die Zahl.

Doch ich will dich nicht einlullen,
auch wenn's Denken wird zur Qual.
Flächenmäßig denken wir.

Denken wir in Fußballplätzen
– gut dreihundert an der Zahl –,
zum Quadrat woll'n wir sie setzen.
Das ist allererste Wahl.
Das kann das Gehirn verstehn.

Eineinhalb an Kilometern,
und noch ein paar Meter mehr,
gibt jetzt ohne großes Zetern
je die Seitenlänge her.
Das ist schon ein großes Feld!

Nimm fünf Millimeter große
Erbsen in sehr starker Zahl.
Und dann streu die ganze Chose
in das Feld jetzt deiner Wahl,
und verteile sie sehr schön.

Ist das Feld nun voll beleget
mit den Erbsen, dicht an dicht,
der Verstand sich dann sehr reget.
Das ist wirklich jetzt schon Pflicht.
Jede Erbse ist ein Stern!

So viel Erbsen, so viel Sterne
sind in unsrer Galaxie,
viele nah und viele ferne.
Das erzeugt schon Hysterie.
Der Verstand begreift es nicht!

Doch das All kann das noch toppen
mit der Zahl der Galaxien.
Kind, ich will dich jetzt nicht foppen,
wenn auch die Gedanken fliehn.
Diese Zahl sei noch erlaubt.

Universums Galaxien
haben eine Erbsenzahl
größer, als du unter Mühen
sätest in das Feld der Wahl.
Frag mich bitte nicht warum?!«

»Paps, warum wurd' das geschaffen«,
fragte Lea mit viel Geist,
»nur damit wir Erdenaffen
oder sonst wer nun hier reist?
Das verstehe, wer es will!«
- - -
Ob wohl aus dem All ein Wesen
diesen kleinen Text wird lesen?

73. Fremdbestimmt

Wie war es früher doch so schön,
als wir durchs Leben konnten gehn
als selbstbestimmte Wesen.
Jedoch dann kam die Wissenschaft
mit ihrer großen Wissenskraft
und hat uns vorgelesen:

Der Mensch hat eine Zellenzahl,
die etwa gleich ist – welche Qual –
fast der Mikrobenherde,
die in uns ist und auf der Haut.
So ist nun mal der Mensch gebaut,
als Gott dann sprach: »Es werde!«

Im Blut, im Magen und im Darm
lebt sie mit Freude und auch Charme
ein selbstbestimmtes Leben.
Sie weckt den Hunger und den Durst,
auch wenn du schrecklich böse murrst,
du musst ihr Nahrung geben.

Sie wählt sie selbstbestimmend aus;
den Menschen packt dabei der Graus,
weil er zum Knecht sich wandelt.
Er ist ein wenig fremdbestimmt,

auf der Mikroben Kost getrimmt,
nach deren Rat oft handelt.

Und fügt er sich den Wünschen nicht,
dann wird er krank, bekommt die Gicht
und ist ein armes Wesen.
Nur im Zusammenspiel der Kraft
Mikrobe – Mensch, der Mensch es schafft,
von Krankheit zu genesen.

Schon lange vor des Menschen Sein,
da lebten die Mikroben fein
und konnten sich einrichten.
Bin ich jetzt nur die Außenhaut,
die die Mikroben sich gebaut,
erfüll Mikrobenpflichten?

Warum bin ich nun nicht mehr ich?
Mein Gott, wie ist das fürchterlich,
als Knecht jetzt nur zu leben.
Gedanken sind nun nicht mehr frei
im sprudelnden Mikrobenbrei;
das Sklavsein ist gegeben.
- - -
Der Mensch in seinem Reich
ist Fürst und Sklav' zugleich.

74. Das Magnetfeld

Mars gehört zu den Planeten,
dem die Atmosphäre fehlt.
Sonnenwinde ihn einst quälten,
was nicht zu dem Schönsten zählt.
Doch vor langer, langer Zeit
trug er noch ein luft'ges Kleid.

Als der Kern war heiß und flüssig,
rieb er sich stark an der Haut.
Und das ist für jeden schlüssig:
Ein Magnetfeld sich aufbaut.
Dieses hielt den Sonnenwind
einfach weg vom Mars geschwind.

Sind Planeten nun behütet
durchs Magnetfeld wunderschön,
wird oft Wasser eingetütet,
und es kann ein Lüftchen wehn.
Ob sich's Leben dann aufrafft,
untersucht die Wissenschaft.

Und auf unsrer schönen Erde
ist der Kern noch richtig heiß.
Deshalb läuft die Menschenherde
auf ihr rum, wie jeder weiß.

Irgendwann, nach langer Zeit,
fehlt auch ihr das luft'ge Kleid.

In der Erde Lebensjahren
sprangen Pole hin und her.
Unsre Erde musst's erfahren
in dem großen Zeitenmeer.
Norden wandert dann nach Süd,
was wohl wieder bald geschieht.

Im Moment, da wandern Pole
fünfzig Kilometer weit
jährlich unter unsrer Sohle.
Nicht so jeden das erfreut.
Ist's Magnetfeld noch autark?
Denn es schwächelt schon sehr stark!

Und was müssen wir erwarten,
wenn's Magnetfeld nicht mehr schützt?
Blüht dann immer noch der Garten?
Wird die Technik noch genützt?
Oder wird die Erde blind
durch den starken Sonnenwind?

Elektronik wird sehr leiden,
wenn die Sonnenwinde wehn.
Doch das könnte man vermeiden,
wäre sie geschützt sehr schön.

Keiner weiß des Unheils Zeit,
deshalb leben wir befreit.

Ist's Magnetfeld ganz verschwunden,
fehlt die Atmosphäre bald.
Wasser gibt's nur noch in Schrunden,
langsam wird die Erde kalt.
Diese Erde, als Planet,
öd sich um die Sonne dreht.

Siebenhundertachtzigtausend
Jahre ist es nun schon her,
dass die Pole sehr schnell sausend
zogen durch das Land und Meer.
Und aus Norden wurde Süd.
Keiner weiß, wann es geschieht.

Eines kann man sicher sagen,
was den Polsprung dann angeht,
niemand muss von uns verzagen,
wenn der Sonnenwind stark weht.
Die Geschöpfe jener Zeit
überstanden dieses Leid.
- - -
Ohne des Magnetfelds Treiben
könnte ich kein Wort hier schreiben.

75. Das Schützenwesen

Warum nur greifen diese Schreier
das Schützenwesen böse an?
Es ist doch stets die gleiche Leier,
die sie verkünden voller Wahn.
Der Glaube, Heimat und die Sitte
bekommen stets der Rüpel Tritte.

Warum verstehen in den Ländern
die Hetzer die Begriffe nicht,
die stets sich mit den Zeiten ändern?
Das wäre doch wohl ihre Pflicht.
Wahrscheinlich glauben diese Bösen,
sie müssten noch die Welt erlösen.

Der Glaube trägt Moral und Ethik,
Vertrauen auch in schönster Form.
Und diese Funktion wächst stetig;
die Hexenjagd ist nicht mehr Norm.
Das heißt, erkennen neuer Werte.
Mit Fake News greifen wir zum Schwerte!

Die Heimat ist stets fest verbunden
mit einem Ort, wo Sicherheit
und Selbstvertrauen wird gefunden
und nicht die Arglist unsrer Zeit.

Wer Heimat lebt und fühlt im Herzen,
bereitet Menschen niemals Schmerzen.

Die Sitte zeigt Verhaltensnormen,
charakterfest mit Offenheit.
Die Fröhlichkeit in ihren Formen,
durch Feste, ist ein Teil der Zeit.
Wer Fröhlichkeit im Brauchtum findet,
wohl niemals eine Bombe zündet.

Wer Fake News in der Welt verbreitet
von Dingen, die er nicht versteht,
den Boden stets dann vorbereitet
für Hass, der über Menschen weht.
Es leben hoch, so meine Bitte:
der Glaube, Heimat und die Sitte!
- - -
Wer Glaube, Heimat, Sitte lebt,
stets eine bessre Welt anstrebt.

76. Verlorenes Glück

Die Zeit, sie eilt im Sturmgebraus,
wird schneller, schneller, schneller.
Rein physikalisch, welch ein Graus,
springt sie nicht aus dem Keller.

Nur vom Empfinden ist es so;
das macht uns Menschen nicht sehr froh.

Fehlt Zeit, dann meidet uns das Glück,
denn Glück braucht Zeit zum Denken.
Als Legionär vom Augenblick
kann niemand Glück uns schenken.
Schon Goethe sprach einst sehr befreit:
»Lern Glück! Doch dafür brauchst du Zeit.«

Das Tier wird vom Organ belehrt;
der Mensch lehrt die Organe.
Das Tier beim Ruhen Zeit verehrt;
der Mensch stiehlt sie im Wahne.
Die digitale Hochdemenz
raubt uns des Glückes heil'gen Lenz!

Warum nur schätzen wir das Geld
viel höher als Empfinden?
Die Zeit für das Gespräch doch zählt,
das Träumen unter Linden.
Ein teures, goldnes Totenhemd
bringt niemals Glück, ist stets uns fremd!
- - -
Glück kann man nicht ansparen,
genießen dann nach Jahren.

77. **Die Sicht der Dinge**

»Mein Kind, siehst du die Steine liegen
so voller Dreck und voller Fliegen?«
So sprach der strenge Vater knapp.
»Und diese groben, rohen Formen
entsprechen keinen Steinmetznormen.
Sie reichen grad noch für ein Grab.«

»Siehst du denn nicht die Formkonturen
von Schlössern, Rössern und Lemuren?«
So fragte leicht erstaunt das Kind.
»Sieh nur die schöne, zarte Mähne,
des Rosses Schweif und auch die Zähne.
Ein Wunderwerk der Kunst sie sind.«

Da wurd' dem Vater angst und bange.
»Komm her«, rief er, »du alter Range
siehst Dinge, die es gar nicht gibt!«
Er griff dann schnell des Kindes Hände
und machte mit ihm eine Wende
und sprach: »Hast du am Wein genippt?«

Doch dann, nach etwa sieben Wochen,
war aus dem Stein herausgebrochen
ein stolzes Ross durch Meisterhand.
»Mein Kind, wie konntest du schon schauen,

was hier der Meister hat gehauen?
Das war doch alles nicht bekannt!«

»Warum kannst du nur nicht verstehen,
was ich im Steine hab gesehen?
Schon Claudius ließ Worte wehn:
›So sind wohl manche schöne Sachen,
die wir sehr oft getrost belachen,
weil unsre Augen sie nicht sehn.‹

Warum verliert man oft im Alter
die Eigenschaften als Gestalter,
die Macht der schönen Fantasie?
Damit ich dann nicht kann so werden,
ohn' Fantasie auf dieser Erden,
bleib ich im Kindesalter hie.«
- - -
Man muss Tribut dem Geiste zollen,
wir sehn nur das, was wir auch wollen.

78. Das Universum in 24 Stunden

»Paps, kann ich von dir erfahren,
wie das Universum tickt?
Denn mit diesen vielen Jahren
eine Vorstellung nicht glückt.

Vierzehn Milliarden Jahre
ist der Urknall nun vorbei.
Ja, da sträuben sich die Haare.
Es entsteht ein Frage-Schrei.«

»Nun, wir werden's grob verkürzen,
pressen es in einen Tag,
und mit Daten sehr gut würzen,
dann wird Denken nicht zur Plag'.

In der Stunde Null – wir ahnen –
gab es einen großen Knall.
Nach Minute zwanzig bahnen
erste Sterne sich durchs All.

Knapp nach zwei der ersten Stunden
rasen Galaxien umher.
Sterne haben sich gefunden,
bilden nun ein Sonnenmeer.

Und nach sechzehn Stundenzeiten
reift das Sonne-Erd-System.
Am Galaxisrand wir reiten;
das ist sicherlich bequem.

Wasser und die Atmosphäre
bildet Stunde siebzehn jetzt.

Eine Ast'roid-Schimäre
unsre Erde fast zerfetzt.

Doch der Einschlag schenkt das Leben,
denn der Mond steht jetzt am Ort.
Jahreszeiten wird es geben,
ohne ihn ständ hier kein Wort.

In der Stunde achtzehn schanzt sich
schnell die erste Zelle durch.
In der Stunde dreiundzwanzig
kriecht dann auch der erste Lurch.

Und nur ganze zwei Sekunden,
endlich dann vor Mitternacht,
dreht der Mensch jetzt seine Runden,
wird nur von sich selbst bewacht.«

»Und was ist nach zwei Sekunden,
die der neue Tag uns bringt?«,
fragt das Kind nun unumwunden.
»Ob der Mensch dann auch noch singt?«

»Mit den neuen Tötungswaffen
beißt der Mensch vielleicht ins Gras!«
»Klüger, Vater, sind die Affen.
Mensch, warum nur tust du das?«
- - -

Des Menschen Lebenszeit
ist ohne Wichtigkeit.

79. Engelvariationen

Wer je 'nen Engel hat gesehn,
der war bestimmt besoffen.
Beim Über-diese-Erde-gehn
hat niemand ihn getroffen.

Doch ab und zu, da glaubt man's schon,
dass Engel um uns schweben,
mit bösem und mit gutem Ton,
zum Ärgern und Beleben.

Sie himmelt ihn von Herzen an
und schwärmt: »Mein guter Engel!«
Doch bald bricht sie mit B den Bann
und schimpft: »Du alter Bengel!«

Sie stiehlt vom Engel dann das En:
»Das Gel schmier in die Haare!
Ich mein das wirklich so, mein Ben,
ich bin doch keine Ware.«

Jetzt stiehlt er ihr das n und fragt:
»Warum bist du ein Egel?

Du saugst mich aus.« Und dann er sagt:
»Als Frau bist du ein Flegel!«

Das el ist weg, jetzt wird es eng,
das Eng wird nun ersetzet
durch Teuf, dann macht es peng, peng, peng.
Ab jetzt ist ausgehetzet.
- - -
Engelvariationen
sind zum Strafen und Belohnen.

80. Der schlafende Riese

Schlafend liegt der Kugelriese,
der rein fachlich Erde heißt,
und in seines Felles Wiese
tummeln sich viel Läuse dreist.
Menschen heißt die Tieresbrut,
die in seinem Felle ruht.

Böse sind die kleinen Tiere,
voller Falschheit, Hinterlist,
bohren in der Erde Niere,
zapfen Öl in kurzer Frist,
schwächen das Immunsystem
dieser Erde ganz extrem.

Bauen Stollen in die Rinde,
graben schnell nach Schätzen dann,
schenken sie dem kleinen Kinde,
das nicht kennt der Eltern Wahn.
Ist erzogen so das Kind,
wird es für die Folgen blind.

Das Verbrennen dann der Haare
lässt die Fieberkurve glüh'n.
So entfliehen schnell die Jahre,
sich dem Chaos zu entziehn.
Nur verbrannte Erde bleibt,
die zur Flucht die Läuse treibt.

Diese Zeit ist nun gekommen,
da die Gier hat kurz gesiegt,
denn es sehn die Reichen, Frommen,
dass der Mensch jetzt unterliegt.
Dieser Mensch, der alles stahl,
dem die Zukunft war egal.

Und warum nur kämpfen, streiten
diese Menschen voller Wut,
führen Kriege, schaffen Pleiten?
Tief der Hass in ihnen ruht.
Kurz ist nur die Ruhezeit,
bis der Riese sich befreit.

Warner gibt's an allen Ecken,
die das Unglück kommen sehn,
denn Vulkane voller Schrecken,
Dürre, Flut bereit schon stehn,
Hagel, Hurrikane, Glut.
Unheil in der Zukunft ruht!

Und dann wird er wach, der Riese,
windet sich im Körperschmerz,
drückt in seiner schweren Krise
alle Läuse fest ans Herz.
Lautes Schreien dieser Brut
hört er nicht in seiner Wut.

Und danach herrscht großes Schweigen.
Schwefeldünste wallend ziehn,
bilden einen Totenreigen,
da das Leben musste fliehn.
Mensch, o nutze deine Zeit!
Halte Frieden, schenke Freud'!
- - -
Wer die Erde schlägt,
selbst die Folgen trägt.

81. **Die Schneeflocken**

Mit Sanftheit kam er eingezogen,
bedeckte fürsorglich das Land.
Die hellen Flocken silbern flogen,
gestreut von milder Winterhand.

Bewundernd strahlten Kinderaugen
ob dieser märchenhaften Pracht.
Sie konnten Reinheit tief einsaugen,
erkannten nicht des Winters Macht.

Der Mantel, der das Land bedeckte,
er glitzerte im Sonnenschein
und strahlte wie das unbefleckte
Schneewittchen hell im kühlen Schrein.

Der Apfelbaum trug eine Hülle
aus majestätisch weißem Flor
und zeigte eine Formenfülle,
die sich im Lichterspiel verlor.

Die weiße Pracht besaß viel Masse,
die an dem Apfelbaum nun zog
und zeigte ihre wilde Klasse,
die rasch den Apfelbaum verbog.

Dann kam noch eine kleine Flocke,
sie wog mal grad vier Milligramm,
mit einem weißen Minirocke,
brach auf den Katastrophendamm.

Die Last, sie wurde nun zu mächtig.
Das Wunder Apfelbaum zerbrach.
Was eben noch war schön und prächtig,
zerstört auf weißem Teppich lag.

Warum nur lassen wir's geschehen
mit dieser schönen Ökowelt,
das viele kleine Gifte wehen
und unsre Umwelt dann zerfällt?
- - -
Auf die Menge kommt es an,
wenig stoppt hier Todeswahn.

82. Geburtstagsgedanken

Der Geburtstag lässt uns denken
an schon längst vergangne Zeiten.
Was wird uns die Zukunft schenken?
Wird sie Freude uns bereiten?

Oder überwiegen Sorgen
in den hasserfüllten Welten?
Träumen wir nur von dem Morgen,
wo ganz andre Regeln gelten?

Träume nicht dein schönes Leben,
lebe deine schönen Träume.
Zeit wird nie zurückgegeben,
denn sie schreitet in die Räume.

Nur das Jetzt wird angeboten!
Nutz Vergangenheiten-Wissen,
um das Heute auszuloten
und das Banner Glück zu hissen.

Und warum soll'n wir die Freuden,
die die Götter heut uns schenken,
nicht genießen ohne Leiden?
Das wird sicher niemand kränken.

- - -

Deine Träume
nie versäume.

83. Bankenkrise

Die Banker wollten viel verdienen.
Der Staat, er schaute lustlos zu.
Das hellte auf die Bankermienen,
denn jetzt kam auf das Eis die Kuh.
Banker woll'n mehr Geld
als die Arbeitswelt.
Etwa so das Fünfzigfache
ist bei ihnen Ehrensache.

Die Banken brauchen die Gewinne.
Und liegt die Sicherheit beim Staat,
dann ist das ganz in ihrem Sinne,
weil niemand Risiko mehr hat.
Steuerzahler stehn
für das Bankvergehn.
Und das Politikversagen
muss der Bürger einfach tragen.

Die wunderschönen Immo-Welten
sind ausgesuchtes Bankerziel
und Hypotheken hierauf gelten
fast schon als ein sehr guter Deal.
Sicherheit ist Geld,
auch das Haus hier zählt.

Sollte es an beidem fehlen,
fängt das Feuer an zu schwelen.

Zunächst jedoch gibt's Hypotheken
für jeden, der sie haben will,
fast ohne die Person zu checken,
denn jede Bank hält einfach still.
Hypothekenzahl
ist das Wort der Wahl.
Stets die Bonusgelder fließen,
wenn die Hypozahlen sprießen.

Kredite werden jetzt gebündelt,
in Anleihen schön eingefasst.
Der Banker hierdurch richtig zündelt
und das zum Bankenwesen passt.
Die Verbriefung zeigt
Undurchsichtigkeit.
Jetzt noch teuer schnell verkaufen,
auf die Schandtat fröhlich saufen.

Der Wahn ist kurz bei dieser Blase
im faulenden Kreditgeschäft.
Der Käufer fällt schnell auf die Nase,
die Banker haben ihn geäfft.
Auch fast jede Bank,
die gekauft, ist krank.

Banken zeigen große Schwäche,
und der Bürger zahlt die Zeche.

Ein Immo-Makler sah das Gieren
der Banker, und er lernte schnell.
Das Haus stand nur noch auf Papieren,
das er jetzt anpries farbig grell.
Jetzt sitzt er im Knast,
trägt des Handelns Last.
»Und warum«, ruft dieser Stänker,
»gibt's im Knast hier keine Banker?«
- - -
Wenn der Staat nicht kontrolliert,
es zur Bankenkrise führt.

84. Spielende Kinder

In Bangladesch, am schönen Strande,
da spielten Kinder froh im Sande.
Ein Anblick voller Heiterkeit,
der Freude, ohne jedes Leid.

Doch plötzlich trieb die starke Brandung
ein großes Regenfass zur Landung.
Die Kinder rollten es ans Land
und stellten es vor eine Wand.

Die Kinderstimmen wurden leiser.
Nur eine Stimme, laut und heiser,
verzweifelt jetzt um Hilfe schrie
wie ein verletztes wildes Vieh.

Die Eltern sprangen aus den Hütten
und sahen Kinder Wasser schütten
in dieses aufgestellte Fass,
darin ein Kind schrie, laut und krass.

»Was wollt ihr mit dem Kinde machen?
Was sind das nur für böse Sachen?
Warum bringt ihr das Kind fast um?«,
schrien Eltern. »Seid ihr denn so dumm?«

»Wir spielen«, sagte eines weise,
»die Erderwärmung auf der Reise.
Wir machen das voll Übermut,
so wie es heut die Menschheit tut.«

- - -

Umweltsünder
töten Kinder.

85. Der freie Wille

Opa Franz saß froh im Garten,
mit ihm seine Enkelschar,
Kinder, die sich um ihn scharten,
weil ein Eis versprochen war.
Endlich fuhr der Eismann vor
durch das grüne Gartentor
und vorbei war nun das Warten.

Dann begann das große Schlecken
am Vanille-, Schokoeis.
Schattensuchen hinter Hecken;
dieser Tag war wirklich heiß.
Opa strahlte voller Glück,
dachte achtzig Jahr zurück,
um Erinnerung zu wecken.

Diese Seligkeit der Stunde
wurde leicht jetzt eingetrübt,
denn es trat nun in die Runde
Nachbar Paul, der nicht beliebt.
Trank er doch schon früh am Tag
reichlich Alkohol, welch' Plag',
war des Wirtes bester Kunde.

»Sag, warum musst du schon trinken?
Bist ein schlechtes Beispiel hier.

Deine Kleider alle stinken
nach viel Schnaps und auch nach Bier.
Hör doch mit dem Saufen auf!
Ändre deinen Lebenslauf!
Lass den freien Willen blinken.«

»Franz, du sprichst vom freien Willen.
Zeug doch eine Kinderschar,
die dann deine Frau kann stillen,
die schon fast ist achtzig Jahr.
Dann weißt du, was Wille ist
voller Freiheit, welch ein Mist.
Alter lässt die Freiheit killen!«

Freier Wille hört beim Schenken
sehr schnell auf, wenn's fehlt an Geld.
Mag uns das auch sehr tief kränken;
Freiheit gibt's nicht in der Welt.
Selbst des Trinkers starke Sucht
ist vielleicht der Gene Frucht,
die nicht einfach ist zu lenken.
- - -
Unser freier Wille
bleibt in Körpers Hülle.

86. Goldene Hochzeit

Nicht immer warn es goldne Tage,
die ihr jetzt feiert voller Freud'.
Es gab auch Dunkelheit und Plage,
wenn Krankheit kam und auch das Leid.
Wer stets auf Wolke sieben schwebt,
der hat wahrscheinlich nie gelebt.

Das Glück ist wie der Rose Blühen,
das mal erwacht und mal vergeht.
Und nur das stetige Bemühen
erreicht, dass Glück nicht schnell verweht.
Es blühen Rosen voller Pracht,
wenn sie mit Liebe sind bewacht.

Bewachen heißt jedoch nicht fesseln;
die Freiheit ist des Glückes Tor.
Vertrauen, das ihr stets besessen,
erzeugt der großen Liebe Flor.
Wer immer fragt: »Warum? Wieso?«,
der wird des Lebens niemals froh.

So wünschen wir euch schöne Zeiten,
die ihr noch könnt' gemeinsam gehn.
Das Glück soll immer euch begleiten,
lasst sichtbar goldne Fahnen wehn.

Genießt der goldnen Tage Glück!
Die Zeit, sie eilt, kehrt nie zurück.

- - -

Goldne Hochzeit wird erreicht,
wenn die Liebe nicht erbleicht.

87. Geburtstag

Geburtstag ist ein schöner Tag
zum fröhlich' Feiern und zum Denken.
Was wohl die Zukunft bringen mag?
Wird Freude oder Leid sie schenken?
Das Leben ist der Augenblick,
es ist das Jetzt, kehrt nie zurück.

Erfreue dich im Glück der Zeit
und denke nicht so oft an morgen.
Zum Morgen ist es noch so weit.
Verschiebe dahin deine Sorgen.
Das Leben ist der Zeitenraum
im Hier und Jetzt. Leb deinen Traum!

Lebst du dein Dasein voller Angst,
und das »Warum?« erfüllt dein Leben,
weil du um deine Zukunft bangst,
die keine Zeit dir mehr will geben,

dann leb den Augenblick voll Freud',
denn Glück ist Funktion der Zeit.

- - -

So wie sich Raum mit Zeit verbindet,
das Glück sich in der Zeit dann findet.

88. Der Wirtschaftsfaktor

»Man muss das schöne Kinderkichern
im Mutterleibe schon versichern«,
sprach der Versicherungsagent.
»Die Chance wird sich nicht mehr bieten,
wenn wir den Fall nicht jetzt eintüten.
Das wird Versicherungspatent.«

Der erste Schrei war nicht verklungen,
da wurde schon das Lied gesungen
von einem Konto bei der Bank.
Das Kind muss sparen, sparen, sparen,
dann hat es Gelder mit den Jahren.
Vor Neid sind dann die andern krank.

»Das Kind braucht einen Kinderwagen
mit E-Antrieb und Goldauflagen.«
So ruft die Industrie beschwingt.
Der Pfarrer möcht' das Kind schnell taufen,

damit es nicht als Heid' muss laufen
und Steuern in die Kirchen bringt.

Als Jüngling trägt man Markennamen
und stellt sich selbst in einen Rahmen.
Als Noname wirst du schnell gemobbt.
Und auch bei gutem Trinken, Essen
den Markennamen nicht vergessen,
sonst wirkst du weltfremd, leicht versnobt.

»Mein Haus, mein Boot und auch mein Auto!«
Das sagt der clev're Mann recht laut so.
So fordert es exakt die Bank.
Wer das sich kann heut nicht erlauben,
ist unmodern, schon am Verstauben
und sicherlich auch geistig krank.

Und kommst du in das Rentenalter
und taumelst wie ein alter Falter,
dann wirst du einfach fremdbestimmt.
Man steckt dich in das Haus der Kranken
und operiert ohn' Hemmungsschranken.
Sie sind auf den Gewinn getrimmt.

Ist der »Gewinner« dann verstorben,
so wird erneut um ihn geworben,
denn die Bestattung liegt nun an.
»Kauft ihm zu seiner letzten Ruhe

die allerbeste Eichentruhe;
er war ein wirklich guter Mann!«

Ist er dann endlich nun begraben,
die Würmer sich an ihm froh laben.
Ein Vogel schon nach Nahrung schaut.
Der frühe Vogel fängt die Würmer!
Und einer dieser Himmelsstürmer
den kleinen Wurm sehr schnell verdaut.

Und dieser böse Vogelbengel,
der kotet auf den weißen Engel,
der schützend auf dem Grabstein steht.
Ein Wirtschaftsfaktor ging verloren!
Vergessenheit ist nun geboren.
Das Leben kommt und es vergeht.

Warum nur sind wir hier die Sklaven,
die Diener und auch noch die Braven
– das Volk –, das stets die Reichen trägt?
Warum nur dürfen wir nicht leben
und müssen Geld den Reichen geben?
Sind wir von Kindheit so geprägt?
- - -

Das Kapital beherrscht die Welt;
der Mensch zählt nichts, es zählt das Geld.

89. Pflegeträume

Paul lag träumend auf der Liege,
neben ihm sein alter Hund,
über ihm noch eine Fliege
kreisend um das Lampenrund.

Träumend sah dann Paul sich stehen
vor des Staates Altenheim
und um einen Platz dort flehen.
Niemand sagte: »Komm herein!«

Immer kam zuerst die Frage:
»Hast du denn auch dafür Geld?
Oder bist du eine Plage,
die stets unter Armut fällt?«

Und wenn Paul dann sehr verdrossen
sagen musste: »Ich bin arm!«,
wurd' die Türe schnell geschlossen.
Staates Hände sind nicht warm.

Diese Kälte macht betroffen,
die so kalt ist wie der Schnee.
Drum war Paul sehr schnell besoffen,
doch dann kam ihm die Idee.

Träumend holte er den Diener,
der ihm noch geblieben war,
seinen alten Karabiner,
älter schon als sechzig Jahr.

Er erschoss zwei böse Bosse
der extremen Rechtspartei,
und als edler Zeitgenosse
ging er dann zur Polizei.

Blitzschnell kam nun das Verfahren,
dann das Urteil voller Hast.
Und mit seinen achtzig Jahren
wanderte Paul in den Knast.

Er bekam ein Einzelzimmer,
mit dem Bett gleich hin zur Wand.
Unter Brücken ist es schlimmer,
das war Paul ja längst bekannt.

Dreimal täglich frisches Essen
von der besten Qualität.
Freundlichkeit nicht zu vergessen,
so, dass alles doppelt zählt.

Frische Wäsche alle Tage,
Aircondition noch dazu.

Gute Heizung, ohne Frage.
Abends kam die schönste Ruh'.

Medizinische Behandlung:
neue Hüfte, neues Knie.
Diese wunderbare Wandlung!
»Danke! Danke!«, Paul laut schrie.

»Ja, warum wurd' das Erkennen
mir nicht früher schon geschenkt
bei den vielen Bitte-Rennen?
Fast hätt' ich mich schon gehenkt.

Ist's nicht komisch hier zu sehen,
dass der gleiche, große Staat
erst nach einem Mordvergehen
Gelder für die Alten hat?«

Schnarchend fiel der Hund zu Boden,
bellte laut und machte Krach,
denn er fiel auf seine Hoden.
Durch den Krach wurd' Paul dann wach.
- - -
Selbst aus bösen Dingen
kann das Glück entspringen.

90. Ursachen

»Paps, warum nur kommen viele
Menschen zu uns mit dem Ziele,
hier ihr Leben aufzubaun?«
»Diese vielen Afrikaner
können uns jetzt sein die Mahner,
die nach neuen Werten schaun.

Oft gibt es die Bürgerkriege
durch die größte Stammesriege,
die das Land beherrschen will.
Dann beginnt das große Sterben,
die den Mensch führt ins Verderben.
Und die Welt erträgt es still.

Menschen müssen nun schnell fliehen,
in ein andres Land umziehen,
wenn der Todesadler kreist.
Diese Menschen, Kinder, Frauen,
bittend nun nach vorne schauen.
Jeder dann die Freiheit preist.«

»Paps, mit welchen Waffen kämpfen
die, die ihre Brüder dämpfen?«
»Mit Gewehren, ist doch klar!«
»Wer verkauft denn die Gewehre

an die bösen Todesheere?«
»Leider wir! Und das ist wahr!«

»Paps, dann sind wir dumme Wesen,
nicht so richtig auserlesen,
wie der Glaube es uns sagt.
Sollst du nicht den Nächsten lieben?
Steht es denn nicht so geschrieben?
Klagemauern sind gefragt!«
- - -
Die blinde, dumme Gier
erweckt in uns das Tier.

91. Längen – Zeiten

»Paps, ich verstehe nicht die Größen
von einem Lichtjahr oder mehr.
Kannst du das nicht einmal entblößen?
Für mich ist das doch viel zu schwer.«

»Mein Kind, ich werde es versuchen,
die Übersicht zu zeigen hier.
Du sollst mich aber nicht verfluchen,
wenn's grob gelingt nur auf Papier.

Das Flugzeug nehmen wir als Beispiel,
das tausend Kilometer fliegt
in einer Stunde und im Freistil
die Erdenfahrzeuge besiegt.

Dreihunderttausend Kilometer
in der Sekunde schnell ist Licht.
Es ist der größte Tempotöter,
der alle Speed-Rekorde bricht.

Könnt' Licht auch um die Kurve biegen,
dann würde es nicht ganz acht Mal
um unsern Globus rasend fliegen
in der Sekunde. – Welche Zahl!

Das Flugzeug braucht für eine Reise
um unsre Erde fast zwei Tag'«,
erklärte Vater richtig weise.
»Das Denken ist schon eine Plag'.

Zum Monde kann das Licht nun eilen
in der Sekunde fast befreit.
Das Flugzeug muss schon mehr verweilen,
grob sechzehn Tage ist die Zeit.

Das Licht braucht dann zur goldnen Sonne
so der Minuten circa acht.

Im Flugzeug reist man, welche Wonne,
schon siebzehn Jahre mal ganz sacht.

Und nun zum Lichtjahr ohne Zwänge:
Es klingt wie Zeit, das ist wohl wahr,
jedoch exakt ist es die Länge,
die Licht zurücklegt übers Jahr.

Ein Fluggast würde lange reisen,
so etwa Millionen Jahr,
um mit dem Lichtteilchen zu speisen,
das hier nach einem Jahr schon war.

Es werden nun zu groß die Zahlen
in unserm Milchstraßensystem.
Warum bereiten Zahlen Qualen,
die das Gehirn nicht kann verstehn?

Rund dreißigtausend von der Mitte,
in Lichtjahren, sind wir entfernt
im Milchstraßensystem gar bitte.
Hiervon der Astronom nur schwärmt.

Und über hundert Milliarden
an Galaxien hier im All
erfreuen nur noch Rechenbarden.
Für uns ist diese Zahl nur Qual.

177

Zwei Dinge kann das Wissen geben
bei diesen Größen in dem Raum:
• Wir sind nicht wichtig hier im Leben.
• Ein Alien trifft uns wohl kaum.«

»Ach, Paps, du bist ein guter Lehrer,
der Demut fordert für das Sein.
Der Mensch, der ist ein Selbstverehrer
in Sachen Hochmut ganz allein!«
- - -
Der Alien fast stets erbleicht,
bevor die Erde er erreicht.

92. Welterschöpfungstag

Die Erde wendet sich mit Grauen,
heut ist der Welterschöpfungstag.
Wem kann sie denn noch fest vertrauen,
da sie geplündert wird gar arg?
Ab heute leben wir auf Pump,
das weiß ein jeder Erdenlump!

Den Wassermangel, Artensterben
plus Klimawandel, selbst gemacht,
das werden Kindern wir vererben.
Wir leben heut, heut wird gelacht!

Was stört uns schon die Kinderbrut?
Wir leben jetzt und das recht gut.

So Mitte neunzehnhundertsiebzig
begann der rückhaltlose Klau
natürlicher Ressourcen hitzig.
Die Menschen hielten sich für schlau.
Jedoch der Mensch in seinem Wahn
nahm mehr, als aus der Erde kam.

Der Welterschöpfungstag-Kalender
zeigt uns nun stets das Datum an,
ab dem der Welten-Marketender
auf Pump lebt hier im Erdenkahn.
Und dieses Datum wächst fürwahr
nach vorne deutlich Jahr für Jahr.

Um neunzehnhundertachtzig legten
die Forscher dieses Datum klar
in den Dezember, doch dann fegten
die Gierigen so Jahr um Jahr
das Datum schnell, sehr schnell nach vorn
und bei den Armen wuchs der Zorn.

Und die Jahrhundertwende brachte
dann schon den Welterschöpfungstag
am ersten Elften, niemand lachte.
Das Böse in den Lüften lag.

Im Jahr zweitausendsiebzehn dann
am zweiten Achten stand der Wahn.

Die Deutschen brauchen drei der Erden,
um nachhaltig zu leben hier.
Fast fünf schon müssen dann es werden
für die Amerikaner-Gier.
Und gäb's die Armen nicht in Not,
dann wären wir schon lange tot.

Die Erde greift uns an nun mächtig
mit Klimawandel, Sturm und Flut.
Sie ist jetzt mit dem Bösen trächtig
und der Erzeuger gar nichts tut.
Warum sind wir so eingestellt?
Wir haben doch nur diese Welt!

Und diese Welt krümmt sich in Schmerzen,
da ja der Teufel in ihr wächst.
Vernunft ist nicht in unsern Herzen,
die Gier hat uns total verhext.
Wir rufen noch an unserm End'
nach Wachstum, laut und vehement!
- - -
Beim Wachstum sollten wir stets denken
an Menschenzahlen, Gier beim Schenken.

- - -

Willst du unsre Welt noch retten,
lege Sex und Gier in Ketten.

93. Ach, acht auf dich

Die Dunkelheit währt immer länger,
die Sonne zieht sich sehr zurück.
Verstummt ist auch der kleine Sänger,
der im Geäst sang voller Glück.
Ach, acht auf dich, o Menschenkind.

Die Nebel durch die Täler wallen,
verhindern frohes Treiben hier.
Die Schatten lang herniederfallen,
verschleiern all der Blumen Zier.
Ach, acht auf dich, o Menschenkind.

Die Blätter ängstlich sich einfärben;
sie zeigen ihre volle Pracht
mit Farbenfülle vor dem Sterben,
dann fallen sie zur Erde sacht.
Ach, acht auf dich, o Menschenkind.

Der erste Schnee bedeckt die Weiden
als Totentuch, weiß und steril.

Für die Natur beginnt das Leiden;
der Jahreskreislauf ist am Ziel.
Ach, acht auf dich, o Menschenkind.

Warum ist hier im kühlen Zimmer
das Licht so trist und auch so fahl?
Verschwunden ist der Welten Glimmer;
der Tod traf seine kalte Wahl.
Ach, Nacht um dich, o Menschenkind.
- - -
Ihr allerliebsten Leute
lebt das Jetzt und Heute.

94. Regentropfen

Den Wolkenschwaden angehörend,
noch nicht bewusst fürs eigne Sein,
erwuchs ganz langsam und betörend
ein kleines Regentröpfelein.

Es trennte sich aus Nebels Hülle,
wurd' so ein Individuum,
erfreute sich an Lebensfülle
und tanzte schwebend dann herum.

Es spielte mit den andern Kindern
der großen Regentropfenflut.
Sie wurden sehr schnell zu Erfindern
des freien Falles voller Mut.

Dann kam jedoch die harte Landung
auf einem Buchenblatt in Grün.
Das Tröpflein auf des Blattes Wandung
sah nun die Wolken weiterziehn.

Mit all den feuchten Artgenossen
sprang es den steilen Hang hinab.
Und alle Tropfen hüpften, flossen
geschwind im Regentropfentrab.

Sie sprangen über Gras und Steine
und bildeten jetzt einen Bach.
Wie Perlen dann, an einer Leine,
so boten sie der Trennung Schach.

Die Bäche einten sich zu Flüssen,
erzeugten fließend Energie.
Die Tropfen mussten Schaufeln küssen.
Beim tiefen Fall so mancher schrie.

Die Flüsse sich in Strömen einten,
als riesengroßes Tropfenheer.

So manche Tropfen bitter weinten,
die Fröhlichkeit, sie gab's nicht mehr.

Sie hörten Menschengötter sagen:
»Wer Gutes tut in Lebenszeit,
den werden wir zum Himmel tragen
und das in alle Ewigkeit.«

Nun trugen Tropfen schwere Schiffe
den Strom hinab und auch hinauf.
Sie trugen sie um viele Riffe
als gute Taten jetzt zuhauf.

Bei diesen Taten sie erbleichten;
die Seele reifte richtig hell.
Doch als sie dann das Meer erreichten,
da pökelte ein Gott sie schnell.

Das riesengroße Auffangbecken
wurd' als der Himmel jetzt verkauft.
Unendlich lange Meeresstrecken
mit Namen Ewigkeit getauft.

Man tauchte sie in Meerestiefen,
in böse, schwarze Dunkelheit
und gellend sie um Hilfe riefen.
War das des Himmels Ewigkeit?

»Warum habt ihr uns so belogen?«
So klagten Tropfen voller Leid.
»Ihr habt uns einfach nur betrogen
für eure eigne Seligkeit!«

»Man muss nicht immer alles glauben«,
so sprach ein Menschengott fast scheu,
»es würd' uns den Verstand sonst rauben.
Des Glaubens Fehler sind nicht neu.«

Vielleicht nach vielen, vielen Jahren
sehn Tropfen dann das Sonnenlicht
und dürfen nun sogar erfahren
die Neugeburt als Tröpflein schlicht.

- - -

Der Glaube wird oft sehr entehrt,
wie die Vergangenheit uns lehrt.

95. Namenswertung

Der Zeitgeist in den Lüften
folgt schnell den Bratendüften.
Es riecht so schön und gut
nach dem Zigeunerschnitzel,
ein richt'ger Gaumenkitzel.
Das Wort jedoch braucht Mut.

Dem Sinti und dem Roma,
vom Kinde bis zur Oma,
gefällt das Wörtchen nicht.
Es sei sehr diffamierend,
und das klingt alarmierend,
die Änderung sei Pflicht.

Ja, selbst die Negerküsse
bekommen ihre Risse
im Namensspektrum ab.
Wie soll man sie auch nennen?
Als schwarze Köpfe brennen?
Der Zeitgeist ist auf Trab.

Und auch die Mohrenköpfe,
die wirft man in die Töpfe
und fährt sie auf den Müll.
Man isst jetzt Schokoküsse.
Die Narren senden Grüße!
Der Rest schweigt hörig still.

Was haben's gut die Wiener,
die Hamburger, Berliner.
Kein Mensch nimmt Anstoß hier.
Ja, selbst die Nonnenfürze
mit ihrer süßen Würze,
sind fraglos eine Zier.

Das Siegerländer Krüstchen
und auch das Wiener Würstchen,
die schmecken richtig gut.
Es gibt hier kein' Beschwerde
in diesem Teil der Erde
und keine Namens-Wut.

Die dicken Sauerländer
sind oft ein großer Renner
in ihrem zarten Darm.
Und mit den Heimat-Namen
die Qualitäten kamen
so wie ein Vogelschwarm.

Jedoch so manche Gruppen,
die sich sehr schnell entpuppen
als Namensgeber klar,
die möchten ihn entfernen,
vom bösen Ruf entkernen,
den zeugte ihre Schar.

Warum ist nur der Name
so schlecht und voller Grame?
Ist hier der Geber schuld?
Den Namen muss man heben
durch vorbildliches Leben
und lächeln voller Huld.

Dann wird's Zigeunerschnitzel
zu einem Gaumenkitzel,
den niemand mehr versäumt.
Und all die schönen Namen
bekommen einen Rahmen,
von dem ein jeder träumt.

- - -

Ein Name immer freundlich weht,
wenn Freundlichkeit dahinter steht.

96. Falten

Raul, der Schönling, und sein Nachbar
saßen einst auf einer Bank.
»Alles Schöne ist heut machbar.
Wer's nicht tut, ist sicher krank.«
Raul erklärte so sein Tun,
fragte nicht nach dem »Warum?«.

Raul rieb Anti-Aging-Creme
würdevoll sich ins Gesicht,
sah nicht seines Nachbars Häme,
dachte nur an seine Pflicht:
schönster in der Stadt zu sein,
ohne Falten, glatt und rein.

Paul, der Nachbar, musste lachen
über diesen Schönheitswahn,
gab's für ihn doch viele Sachen,
die mehr vorne standen an:
das Genießen der Natur,
Umweltschutz für Wald und Flur.

»Alle Falten sind wie Runen,
die die Zeit geschlagen hat,
schützen uns fast wie die Buhnen
vor dem Wahn der Schönheitstat.«
So sprach Paul mit Willenskraft,
die wohl nur Erfahrung schafft.

»Schönheit steht für Anerkennung,
für Erfolge in der Zeit.
Nur noch eine Faltentrennung,
und mein Antlitz strahlt befreit.«
So sprach Raul von seinem Fall,
sah sich ganz als Ideal.

Plaudernd kamen ein paar Leute
an der Ruhebank vorbei,
freuten sich am kleinen Streite,
meinten dann ganz offen, frei:
»Vielfalt trägt hier nur der Paul,
Einfalt zeigt dagegen Raul.«

- - -
Nur wer zerknittert erwacht,
ist auf Entfaltung bedacht.

97. Seniorenresidenzen

Es reifen langsam nun die Zeiten
für eine Altersresidenz.
Durch meinen allerletzten Lenz,
da möchte ich recht fröhlich schreiten.

Sehr oft ist es in Altersheimen
recht unpersönlich und auch trist,
weil in sehr knappem Takt die Frist
entflieht fürs Reden, Lachen, Weinen.

Warum nicht eine Kreuzfahrt buchen
auf Lebenszeit, das müsst doch gehn,
um schnell noch mal die Welt zu sehn,
bevor wir Jenseitsland besuchen?!

Die Vorteile klar überwiegen.
Die Preise sind ja etwa gleich
im Einbett- und Kabinenreich.
Das wird uns leider oft verschwiegen.

Und in den Preis mit eingeschlossen
sind Essen, Tischwein, Wasser, Saft.
Und so gestärkt, mit voller Kraft,
wird dann das Sportprogramm genossen.

Und über vierundzwanzig Stunden
ist ein Kabinenservice da.
Ein jedes Alter ruft: »Hurra!«,
und freut sich dabei unumwunden.

Die Angebote, Sport und Sauna,
erreichen auch das alte Herz,
erfreulich schnell verschwinden Schmerz,
die Müdigkeit und jedes Trauma.

Kultur wird abends angeboten;
die ist nun wirklich kostenlos.
Die Qualität ist recht famos
in Sprache und auch vielen Noten.

Die frische Wäsche alle Tage
ist für den Service fast ein Muss,
er macht es freundlich, ohn' Verdruss.
Es gibt nie Grund zu einer Klage.

Ein Bordarzt hilft bei den Wehwehchen
stets kompetent und akkurat

und steht mir bei mit Rat und Tat
auch freundlich bei geschwoll'nem Zehchen.

Und dann, am Ende meiner Zeiten,
bekomme ich ein kühles Grab.
Viel Blumen schweben dann herab
und ich entflieh in stille Weiten.
- - -
Im Alter werden Frau und Mann
als Wirtschaftsfaktor abgetan.

98. Philosophenfragen

Warum will jeder alt gern werden?
Doch alt möcht keiner gerne sein,
denn alle sehen die Beschwerden,
die auch nicht lindert junger Wein.
Das Alter fordert seinen Preis,
wie jeder alte Greis wohl weiß.

»Du sollst hier Vater, Mutter ehren«,
so sprach der Herr einst würdevoll,
»damit du lange lebst auf Erden!«
Und alle Alten fanden's toll.
Die Jugend sah es ziemlich doof
und sprach: »Das löst ein Philosoph!«

Philosoph 1:
Warum nur durch die zehn Gebote
wird Elternpflege sehr belohnt
mit langem Leben? Doch der Tote
glückselig nur im Himmel thront!
Wo liegt denn nun des Glückes Schein,
im langen Leben – tot zu sein?

Philosoph 2:
Hätt' Gott Gebote vorgegeben,
dann wär Belohnung früher Tod.
Ein hartes, langes Erdenleben,
das heißt für viele einfach Not.
Die ewige Glückseligkeit
tritt nur im Himmel auf befreit.

Philosoph 3:
Wenn nur das ew'ge Himmelsleben
– per Glaubensdefinition –
die höchste Seligkeit kann geben,
dann fehlt sie auf der Erde schon.
Ein langes Leben und viel Freud'
erreichen hier nicht alle Leut'.

Philosoph 4:
Wenn langes Leben als Belohnung
viel schöner als der Himmel ist,

dann ist doch eine Himmelswohnung
ganz einfach nur sehr öd und trist.
Genießen wir des Lebens Freud';
die Freude sonst sehr schnell enteilt.

Philosoph 5:
Vielleicht ist es ja so gewesen,
dass Menschen das Gebot gemacht,
weil früher über alte Wesen
die Jugend oft schon hat gelacht.
Die Rente gab es da noch nicht;
die Pflege wurde so zur Pflicht.

Philosoph 6:
Wenn nun ein langes Erdenleben
als Gottgeschenk wird ausgelobt,
dann kann's nicht viel im Himmel geben,
auch wenn die Menschenseele tobt.
Ein langes Leben ist ein Lohn,
ein frühes Sterben eher Hohn.

Bei so viel differentem Denken,
da lassen wir das Thema ruh'n.
Wir werden selbst uns Freude schenken
mit Fröhlichsein im Folgern, Tun.
Das Leben liegt im Hier und Jetzt,
auch wenn's den Philosoph' verletzt.

- - -

Die Widersprüche niemals kränken,
sie regen uns nur an zum Denken.

99. Der Mond im Zeitenlauf

Wenn ich hinauf zum Himmel schaue:
Die Bläue weicht der Dunkelheit.
Doch fest darauf ich stets vertraue,
dass dann der Mond sich friedlich zeigt,
der still die Nacht ausleuchtet
und manches Aug' entfeuchtet.

Er schenkt uns immer das Vertrauen,
das wilde Dunkelheit uns nimmt,
bewahrt uns vor dem tiefen Grauen
der Nacht, die Schreckliches ersinnt,
erfreut uns mit den vielen
vertrauten Lichterspielen.

O Mond, du wundervolles Wesen
– ganz ohne alle Bits und Bytes –
den Menschen hier bist treu gewesen
seit vielen tausend Jahr'n bereits.
Schenk weiter deine Güte,
vor Unglück uns behüte!

Du stillst der Seele tiefes Sehnen
nach Harmonie und Friedenszeit.
Du trocknest unsrer Augen Tränen,
gibst Sicherheit durch dein Geleit,
wenn das »Warum?« will quälen,
weil Tod und Krieg nur zählen.

Bleibst du wohl immer noch der gleiche,
voll Mythos und voll Fantasie,
wenn Gierige und auch schon Reiche
dich plündern, schänden wie das Vieh?
Wirst du zu einer Stele
mit einer kalten Seele?

Ach, bleibe wie ein Bild erhalten,
das froh weckt die Erinnerung.
Vertreibe weiter Sorgenfalten
und send Gefühle voller Schwung.
Verbinde Leib und Seele;
das Gute in uns stähle!
- - -
Ohne unsern schönen Mond
wär die Erde nicht bewohnt.

100. Silberlöckchen

Friedlich zogen Silberlöckchen
übers blaue Firmament.
Und mit ihren hellen Röckchen
tanzten sie voll Temp'rament

Dieser Augenblick von Frieden
zeugte schnell ein Stimmungshoch
bei den Menschen hier hienieden,
und die Düsternis verflog.

Immer mehr der Wölkchen kamen,
stellten sich vors Sonnenlicht,
schubsten sich mit ihren Armen,
standen endlich dicht an dicht.

Dunkelheit vertrieb die Lichter;
böse pfeifend schrie der Wind.
Wolken formten sich zum Trichter,
und das Wasser lief geschwind.

Bäume wurden stark gebogen,
bis ein Windstoß sie zerbrach,
und dann in die Flut gezogen.
Überall ein Weh und Ach!

Schreiend fielen kleine Kinder
von dem Ufer in die Flut,
schrien um Hilfe wie die Sünder;
doch der Tod war voller Wut.

Und nach langen, langen Zeiten
war der Himmel wieder nett.
Wasser zog sich aus den Weiten
schnell zurück nun in sein Bett.

Viel Geröll und Kinderleichen
zeigten Bilder voller Leid,
gaben eindrucksvoll ein Zeichen,
wie die Erde sich befreit.

»Ach, warum, du böse Erden,
hast du dieses nur getan?«
»Ich bin krank und hab Beschwerden,
eure Gier zeugt Todeswahn!«
- - -
Wer der Erde schenkt das Fieber,
sieht sich schnell im Schlachthaus wieder.

101. Atomgerassel

Atomgerassel in den Welten
mit Sprüche-Klopfer-Konjunktur.
Doch diese Führer muss man schelten,
sie stehen ein für Diktatur.
Die Bürger sie einst wählten.

»Wir werden euch Raketen senden.
Geschenke sind schon fest verpackt.
Ihr könnt es drehen und auch wenden,
Raketen kommen bald im Takt
und werden euch dann schänden.«

»Dann werden wir die Antwort schicken,
bevor ihr angegriffen habt.
Wir werden euer Volk einknicken.
Nie wieder Lebensfreud' euch labt.
Schon bald die Bomben ticken.«

Die Führer twitterten und drohten
und immer mit dem Wörtchen »Wir«.
Sie haben Angst, die Idioten,
die sich nur kennen und die Gier.
Sie pokern um die Toten.

Warum hat keiner dieser Narren
den Mut zum Anführer-Duell?

Es ist die Furcht vor dem Verscharren
und dem Vergessensein sehr schnell.
Die Angst lässt sie erstarren.

Den Führer stör'n nicht Millionen
von Toten durch sein böses Werk.
Er will nur selber sich belohnen,
ein Held sein und kein kleiner Zwerg,
als Denkmal künftig thronen.

Wie würde sich das Volk erquicken,
wenn nun ein Führer, richtig gut,
den andern Führer voll Entzücken
verschlingen würd' in Führerwut
und dann an ihm ersticken.

Das »Wir« muss endlich tätig werden,
die Führer leiten in den Ring,
sodass sie sich mit viel Beschwerden
selbst töten müssen. – Welch ein Ding!
Dann wäre Ruh' auf Erden.

Die schönsten Zukunftsfantasien
erbringen leider nichts im Hier,
wenn wir uns selber nicht bemühen.
Der Führer opfert stets das »Wir«.
Das »Wir« muss ihn erziehen.

- - -

Die sogenannten Führer
sind oft des Krieges Rührer.

102. Überbevölkerung

»Wachset schön und mehret euch,
legt euch richtig mal ins Zeug«,
sprach der Herr vor Jahren.
»Denn die Welt ist viel zu schön,
um alleine hier zu gehn.
Das könnt ihr erfahren.«

Adam, Eva zeugten gern,
das war das Gebot des Herrn,
zeugten vier der Kinder.
Jede Generation
zeugte dann vier weit're schon:
nette, kleine Sünder.

Das ergibt die Reihe zwei,
vier, acht, sechzehn ... einwandfrei.
Jeder kann erkennen,
dass es mächtig aufwärts geht;
Mathe für die Wahrheit steht,
niemand kann sie trennen.

Nach der Generation
dreißig, ja, da hat man schon
Milliarden Barden.
Und nach dreiunddreißig dann
liegt der Menschenzahlenwahn
rund bei neun Mill'arden.

Zeitlich braucht man, das ist wahr,
dafür keine tausend Jahr,
sagt die Mathe richtig.
Durch die Seuchen und den Krieg
lenkt der Mensch selbst das Geschick,
macht die Mathe nichtig.

Doch bei der Bevölk'rungszahl
wird die Zukunft wohl zur Qual.
Nichts ist dann mehr lenkbar.
Denn die Übervölkerung
lässt uns essen eignen Dung.
Das ist heut schon denkbar.

Und mit diesem Wissensgut
kriegen Bürger doch die Wut;
keiner will es sagen:
»Viel zu viele Menschen hier
bringen Tod für Mensch und Tier
über Dürre, Plagen.«

Menschen fragen sich: »Warum
sind wir Menschen nur so dumm?
Ist es denn vonnöten,
Kinder zeugen voller Freud',
um sie unter sehr viel Leid
hungernd abzutöten?«

Ja, warum sagt kein Pastor,
der allein lebt, mit Humor:
»Lasst das böse Wandeln!«
Hat er Angst vor seinem Herrn?
Widerspruch hört der nicht gern.
Höchste Zeit zum Handeln!
- - -
Wachstum und die Menschenzahl
sind vernetzt, o welche Qual.
- - -
Wer immer Wachstum ruft verbissen,
möcht auch den Sterbenden nicht missen.

103. Licht und Stille

Wenn dich das Sonnenlicht erreicht,
die Strahlen dich erwärmen,
der Hass und alles Böse weicht
und Stille kommt, statt Lärmen,

dann schmeichelt Frieden stets dein Herz,
und es verschwinden Harm und Schmerz.

Ein Glücksgefühl erreicht dich nun,
erfasst dich wie im Rausche,
lässt klar erkennen hier dein Tun.
Wach auf, mein Herz, und lausche!
Die Welt zeigt sich dir ungewohnt,
zeigt dir, wie sich zu leben lohnt.

Warum erreicht der Zustand nicht
dich in dem Stress des Lebens?
Das reine Glück such nur im Licht,
im Stress suchst du vergebens.
Die Stille weckt die Seele auf.
Wo Stille ist, ist Glück zuhauf.

Drum gib dich dieser Stille hin,
die dir das Herz sehr weitet.
Die Stille ist ein weit'rer Sinn,
auf dem das Glück still schreitet.
Ergreife das Geschenk erfreut.
Der Alltag schickt sehr schnell das Leid.

- - -

Glück bekommst du ohne Pille
durch die Fantasie der Stille.

104. Befreiung

Träumend saß sie vor der Hütte,
ließ den Geist still in sich ruh'n,
konzentriert auf ihre Mitte,
außen vor blieb alles Tun.

Dieser Anblick, dieses Strahlen,
wenn die Seele sich befreit,
kann kein Künstler schöner malen,
nur noch Liebreiz, nur noch Freud'.

Wolken zogen leicht vorüber,
zeigten ihr das Schweben an.
Eine Nachtigall im Flieder
zog sie dann in ihren Bann.

Schönes, transzendentes Leben
ließ den Körper außen vor.
So gelang ein stilles Schweben,
als die Seele sich verlor.

Reiner Geist flog durch die Lüfte.
Neue Welten boten dar
nie gekannte schöne Düfte
aus den Jenseitswelten klar.

Ach, warum wird dieses Schöne,
das uns kreativ beschenkt,
abgelöst durch Erdentöne,
deren Schall zum Himmel lenkt?

Plötzlich klangen Abendglocken.
Körper, Geist vereinten sich.
Ängstlich sah sie auf erschrocken,
und der schöne Traum verblich.
- - -
Wer sich vom Körper lösen kann,
erliegt nicht körperlichem Wahn.

105. Die Zeit

Die Zeit, sie hat uns einst geschaffen
aus einem wirren Quantenmeer
und auch die Fische, Vögel, Affen;
das gaben die Strukturen her.

Die Zeit, sie schenkt uns nun die Zeiten,
die wir vertun im Lebensplan
mit Frönen unsrer Eitelkeiten
im egomanen Menschenwahn.

Die Zeit, sie wird demnächst uns töten,
auch wenn das Leben war sehr trist.
Sie tötet selbst schon junge Föten,
wo Menschsein grad erstanden ist.

Und parallel wächst schon die Eiche,
die auch die Zeit bereits gezeugt.
Das Holz umhüllt dann Arme, Reiche,
wenn uns die Zeit zur Erde beugt.

Wir haben dann die gleiche Ruhe
wie vor des Lebens blindem Stolz
in unsrer kargen Eichentruhe
mit eingefrorner Zeit im Holz.

Ja, würde es den Tod nicht geben,
gäb's ein Verschieben Tag um Tag.
Es wäre sinnentleert das Leben,
ein Zustand, den wohl niemand mag.

Warum sollt' solch ein leeres Leben,
sei es auch Ewigkeit genannt,
uns Hoffnung auf viel Freude geben?
Die Antwort gibt uns der Verstand.
- - -
Die Zeit erfreut
und bringt das Leid.

106. Der vegane Frieden

Der Morgen lockt den Sonnenschein,
vertreibt die Dunkelheiten.
Ein Reh tritt an den Wiesenrain
und wittert in die Weiten.
Ein Kitz kommt springend schnell hinzu.
Ein Anblick voller tiefer Ruh'.
Den Frieden sieht man schreiten.

Warum ist schon dem Weidetier
der Frieden angeboren?
Die Friedlichkeit ist eine Zier,
das Böse fast verloren.
Vielleicht ist's die vegane Art,
die Harmonie mit Freude paart
und Frieden hat erkoren.

Der Tod tritt in den Frieden ein,
zerstört das junge Leben,
das sich erfreute an dem Sein,
dem Licht, der Gräser Beben.
Ein Wolf springt in das Paradies,
zerreißt das Kitz mit wildem Biss,
ohn' Rechenschaft zu geben.

Jedoch der Mensch in seiner Gier,
der tötet ohn' Erbarmen

auch andre Menschen und das Tier
und haucht dann leis ein Amen.
Wird Töten zur Gewohnheit dann,
vertauschen Liebe sich und Wahn
und lassen Böses ahnen.

Das Töten weckt die Angst im Tier,
beim Menschen Hass und Schrecken.
Der Wolf braucht Fleisch zum Leben hier.
Der Mensch könnt' sich eindecken
allein auch mit veganer Kost
in fester Form und auch mit Most,
so Lebensgeister wecken.

Das Töten stumpft den Menschen ab,
das rohe Fleisch nicht minder.
Er hat nur Angst vorm eignen Grab,
dem Tode seiner Kinder.
Das Fremde tötet er im Krieg
ohn' Hemmung für den großen Sieg.
Er ist ein wilder Sünder.

Der Mensch ist klug, er dachte nach
so über Krieg und Leiden
und plötzlich wurde er hellwach
und sprach: »Vom Fleisch wir scheiden!
Es gibt kein Fleisch mehr hier ab jetzt,

auch wenn es uns zunächst verletzt:
Wir können Töten meiden!«

Die Menschen lebten nun vegan.
Und dann, nach vielen Jahren,
da waren sie recht angetan
durch das, was sie erfahren:
Es schwand sehr schnell die Tötungslust
und blut'ges Fleisch erzeugte Frust
bei Bürgern, Fürsten, Zaren.

Die Menschheit ward aus einem Guss
mit gleichen Idealen.
Mit Streit und Kriegen war nun Schluss
durch weltweit off'ne Wahlen.
Das Ganze wurde nun fixiert
im Weltgesetz, wie's sich gebührt.
Ein Künstler musst es malen.
- - -
Willst du Freude schenken,
lern veganes Denken.

107. Europa

Gründerin von ganz Europa,
Dame mit der weiten Sicht,

zeig uns, dass sie niemals tot war:
die Gerechtigkeiten-Pflicht.

Sieh, man mordet unsre Frauen,
die das Recht nur wollen sehn,
das Geflecht der Malta-Schlauen
offenlegen, klar und schön.

Allen, die ans Recht noch glauben,
zeig jetzt endlich deine Kraft,
sonst wird die Finanzwelt rauben,
was die Arbeitswelt geschafft.

Durch Europa gehn die Rechten
schreiend durch das schöne Land,
da du viel zu oft den Schlechten
reichst in Offenheit die Hand.

Sag, warum sind die Vertreter,
die wir wählten, jetzt nicht da?
Sind die Euro-Geld-Anbeter
nun vielleicht in Panama?

Jetzt musst du das Tun beenden,
was in Malta kann erblühn,
sonst wirst du dein Land sehr schänden,
das in Zwietracht wird verglühn.

- - -

Wem das Geld schaut aus den Taschen,
wird die Händ' in Unschuld waschen.

108. Wasser

»Wasser, Wasser!«, riefen Kinder,
die im Todeskampfe schrien.
»Sagt, was sind das nur für Sünder,
die das Wasser uns entziehn?«

Furchtbar war das lange Sterben,
diese Qualen, diese Not.
Doch die Reichen wollten erben!
Stört da noch der Kinder Tod?

Sonnenstrahlen voller Zeichen
senkten nieder sich aufs Land.
Hunderte von Kinderleichen
fanden sie am Straßenrand.

Ja, warum verkaufen Staaten
Wasserrechte für viel Geld
ins Besitztum von Piraten,
wo das Kapital nur zählt?

Gelder gegen Kinderleichen
– welch makaberes Geschäft.
Doch es stört ja nicht die Reichen,
wenn des Staates Seele schläft.

»Lasst die Kindlein zu mir kommen,
ihnen ist das Himmelreich!«,
sprach der Herr zu seinen Frommen.
Sind ihm arm und reich nicht gleich?
- - -
Viele Kinder dürsten, sterben,
weil die Reichen wollen erben.

109. Lebenszeit

Wenn wir Grabsteine anschauen,
die direkt so vor uns stehn,
sehen wir in Stein gehauen
hunderte von Jahren wehn.
Mensch, erkenne deine Zeit,
die dir bleibt für Freud' und Leid.

Diese Zeit ist kurz bemessen,
wenn sie dir auch lang erscheint.
Und du solltest nie vergessen:
Zeit ist stets ein flücht'ger Freund.

Gestern ist Vergangenheit.
Morgen ist noch weit, sehr weit.

Würden wir das Erdenalter
schrumpfen auf ein Jahr exakt,
müsste man den Menschenschalter
schließen im Sekundentakt.
Wer sich da noch wichtig nimmt,
tief im Meer der Dummheit schwimmt.

Sag, warum sind wir so wichtig
in der kurzen Lebenszeit?
Diese Frage ist schon nichtig,
zeigt sie falsche Eitelkeit.
Lebe fröhlich, lebe frei,
ohne Wichtigtuerei.

- - -

Wer Erkenntnis sich verweigert,
klar die eigne Dummheit steigert.

110. Himmelserfahrung

Zwillinge im Mutterleibe
sprachen über Leben, Tod,
über ihre schöne Bleibe
voller Nahrung, ohne Not.

»Bald nun müssen wir hier sterben!
Nach neun Monden kommt die Zeit.
Sag, warum muss ich verderben?
Ob ein Himmel mich erfreut?«

»Nein!«, sprach da – doch recht besonnen –
Zwilling Zwei sehr hart und stur:
»Niemand ist zurückgekommen
nach dem Schnitt der Nabelschnur.«

Nun begannen schnell die Wehen.
Jeder Zwilling wurd' gepresst,
konnte klar den Tod schon sehen
voller Todesschmerz gestresst.

Dann erblickten sie die Sonne,
viele weiße Engelein,
riefen dann mit großer Wonne:
»Das kann nur der Himmel sein!«

- - -

Solang wir auf der Erde leben,
wird es auch den Himmel geben.

111. Das Warum-Gesetz

W arum, so fragt sich das »Warum?«,

A uf dieser, unsrer Erden,

R eicht ein Gesetzt nicht für das Tun,

U m glücklicher zu werden?

M it Nächstenliebe stirbt's »Warum?«!